红色文物青年说

《党建》杂志社
中国传媒大学
——
组编

中国教育出版传媒集团
人民教育出版社
·北京·

图书在版编目（CIP）数据

红色文物青年说 /《党建》杂志社，中国传媒大学组编. -- 北京：人民教育出版社，2024. 8. -- ISBN 978-7-107-38652-7

Ⅰ. K871. 6-49

中国国家版本馆CIP数据核字第2024FA4250号

红色文物青年说

HONGSE WENWU QINGNIAN SHUO

责任编辑：张君　责任设计：李宏庆　责任校对：王飞　责任印制：申骅

出版发行　人民教育出版社

（北京市海淀区中关村南大街17号院1号楼　邮编：100081）

网　　址　http://www.pep.com.cn

经　　销　全国新华书店

印　　刷　北京盛通印刷股份有限公司

版　　次　2024年 8 月第 1 版

印　　次　2024年 9 月第 1 次印刷

开　　本　890毫米 × 1240毫米　1/32

印　　张　9.75

字　　数　172千字

定　　价　36.00元

编委会

序言

2021年，中国共产党迎来了百年华诞。百年征程波澜壮阔，百年初心历久弥坚。一百年来，党团结带领人民接续奋斗，创造了伟大历史和不朽功业，中华民族迎来了从站起来、富起来到强起来的伟大飞跃。

为隆重庆祝中国共产党百年华诞，党中央作出了一系列重大决策部署，习近平总书记作出了一系列重要指示。其中，在全党开展党史学习教育，在全社会开展“四史”宣传教育和群众性主题宣传教育活动，是庆祝建党百年的重大决策，对于激励我们更加紧密地团结在以习近平同志为核心的党中央周围，在全社会唱响“共产党好，社会主义好，改革开放好，伟大祖国好，各族人民好”的时代主旋律具有重大意义。

2024年2月，中共中央印发《党史学习教育工作条例》，号召全党全社会学好党史、用好党史，从党的历史中汲取智慧和力量。为教育引导广大党员发扬红色传统、传承红色基因，我们组织编写了《红色文物青年说》，讲述红色文物背后的党史故事。这100件具有代表性和典型性的文物是从全国各地的博物馆、纪念馆、革命旧址中精选出来的，它们跨越了历史长河，承载了历久弥新的初心使命，是我们党百年奋斗历程的重要见证。这些文物里，既有影响中国命运的《共产党宣言》首个中文全译本，又有记载珍贵历史时刻的开国大典上升起的第一面国旗；既有彰显领袖朴实风范的打满补丁的睡衣，又有诠释革命志士舍生取义精神的家书和诀别书；既有见证拉开农村改革序幕的小岗村18枚红手印，又有敲开中国加入世贸组织大门的“入世槌”……一件件底蕴厚重的文物陈述着一个个感人至深的故事，演绎着一曲曲对党和人民赤胆忠诚的英雄赞歌，对于弘扬革命精神和革命文化、激发爱国热情、振奋民族精神具有重要价值。

岁月无言，文物能语。《红色文物青年说》运用细腻生动的笔触、热情饱满的文字，让红色文物从博物馆中“活起来”“走出去”，成为广大党员干部群众，特别是广大青少年学习党史的生动教材。本书通过100篇铺满红色印记的文章，反映出中国共产党百年恢宏的革命史、建设史和发展史，呈现出中国共产党人英勇顽强、不畏牺牲、鞠躬尽瘁、甘于奉献的品格特质，勾勒出中华民族勤劳勇敢、自强不息、艰苦奋斗、团结统一的精神气质与文化脉络。

习近平总书记在庆祝中国共产党成立一百周年大会上的讲话中勉励广大青年，要以实现中华民族伟大复兴为己任，增强做中国人的志气、骨气、底气，不负时代，不负韶华，不负党和人民的殷切期望。青年是整个社会中最积极、最有生气的力量，国家的希望在青年，民族的未来在青年，青年一代有理想、有担当，国家就有前途，民族就有希望。

站在两个一百年的历史交汇点上，面对百年未有之大变局，当代青年应该如何从中华民族悠久绵长的民族历史和百年大党的创业史、奋斗史中汲取成长的养分与力量？这是时代之问，也是我们出版本书的初衷。我们希望通过讲述红色文物故事，帮助当代青年重温百年党史中的重大历史事件、重要历史会议、重要历史人物和经典历史文献，深刻感受艰辛历程、巨大变化、辉煌成就、伟大精神，激发青年一代的爱国之情、报国之心、强国之志，让青春在为祖国、为民族、为人民、为人类的不懈奋斗中绽放绚丽光彩。

编委会

2024年3月

目录

扫码观看视频

1　八本蓝章图书

作为中国最大的大学图书馆，北京大学图书馆的藏书可谓浩如烟海，而其中100年前的八本盖着蓝色藏书印章的外文图书，则是学府珍藏的瑰宝和共产主义先驱们追寻真理的青春写照。2014年，习近平总书记在视察北京大学时曾经感慨地说："追根溯源，看来源头在这里啊！"

这八本图书都是德文原版马克思主义著作，书的封面上都有一个方形的蓝色印章，印章是六个字"亢慕义斋图书"。亢慕义斋是个什么斋？为什么亢慕义斋图书如此特殊呢？这得从一位先生和他的青年学生们说起。

1917年底，十月革命一个月之后，李大钊应北大校长蔡元培的邀请，担任北大图书馆主任。李大钊对北大图书馆进行了一系列整顿改革，积极购买新书刊，推动北大图书馆从单纯的藏书楼向现代图书馆转型，更使它变成了传播新思想、新文化和传播马克思主义的最早基地。正是在北大图书馆工作期间，李大钊撰写了《法俄革命之比较观》《庶民的胜利》《布尔什维主义的胜利》《我的马克思主义观》等一系列重要文章，热情讴歌十月革命，欢呼人类新纪元的曙光，成为中国第一位马克思主义者。

李大钊“急思深研政理，求得挽救民族、振奋国群之良策”，在确立马克思主义信仰、找到民族解放的道路方向后，就迅速地向进步青年和劳工大众宣传真理，指导青年研读马克思主义著作、投身到“再造中华”的运动中。毛泽东后来在和埃德加·斯诺谈话时怀着深厚的感情说：“我在李大钊手下担任国立北京大学图书馆助理员的时候，曾经迅速地朝着马克思主义的方向发展。”

1920年3月，在李大钊的指导下，北京大学的进步学生秘密组织成立了“马克斯（思）学说研究会”，“以研究关于马克斯（思）派的著述为目的”，主要活动包括搜集马克思学说的德、英、法、日等各版本图书，开展研讨、讲演，分组、分专题研究，翻译和传播马克思主义文献，并从事工人运动实践等活动。这是中国最早开始研究和传播马克思主义的团体，为宣传马克思主义和培养共产主义运动的青年骨干作出了不可替代的贡献。

1921年党的一大召开后，马克思学说研究会为了方便工作和扩大影响，于当年11月17日在《北京大学日刊》上刊登“发起马克斯（思）学说研究会启事”，正式公开。启事中写明了发起的成员有邓中夏、高君宇、刘仁静、何孟雄、朱务善、罗章龙等19人。启事刊登后，报名者非常踊跃，在一个多月的时间里，研究会会员就增加到四五十人。

北大校长蔡元培在校内拨了两间房子作为马克思学说研究会的活动场所，其中的图书室被称为“亢慕义斋”。“亢慕义斋”是德文的音译，意思是“共产主义小室”。“亢慕义斋”把博大精深的马克思学说与中国文明的典雅简洁结合在一起，马克思学说的思想魅力把这些来自北大不同学科的进步青年凝聚在一起。他们一起阅读马克思主义著作，努力在学习与研讨中读懂马克思，为苦难的民族和人民寻找解放和复兴的出路。

撰稿人／胡俊（中国李大钊研究会、北京大学）

讲述人／任鑫琦（复旦大学）

2 《共产党宣言》首个中文全译本

2015年，南湖革命纪念馆的文物人员费尽周折，从广东省兴宁县一位退休老教师手中征集到一件文物，这就是最早的《共产党宣言》中文全译本。这本略显残旧的小册子，是陈望道译本第一版第二次印刷中的一册，因而格外珍贵。

《共产党宣言》最初是用德文出版的，在中国一直没有全译本。为什么陈望道能翻译《共产党宣言》？陈望道的儿子陈振新回忆："要完成这本小册子的翻译，起码得具备三个条件：一是对马克思主义有深入的了解；二是至少得精通德、英、日三门外语中的一门；三是有较高的语言文学素养。陈望道在日本留学期间就接受了马克思主义学说，日语、汉语的功底又很深厚，所以邵力子（时任《民国日报》社经理）推荐他来完成这一翻译工作。”

1920年早春，29岁的陈望道回到老家浙江省义乌县城西分水塘村，扎进自家的一间柴屋里潜心翻译《共产党宣言》。这间屋子年久失修，破旧不堪，半间堆满了柴火，墙壁上积着厚厚的灰尘。陈望道端来两条长板凳，上面横放一块铺板当书桌，一盏昏黄的油灯摆在边上。南方山区初春的天气还十分寒冷，寒风透过四面漏风的墙袭来，冻得陈望道时常手脚麻木。尽管条件特别艰苦，陈望道翻译《共产党宣言》却丝毫不受影响。他专心致志地工作，以至于把本该醮红糖水的粽子蘸了墨汁吃下去都浑然不觉，成就了一段“真理的味道非常甜”的佳话。

在翻译《共产党宣言》的过程中，还存在参考资料匮乏的情况。陈望道依据一份日文底稿和由李大钊从北京大学图书馆借到的一本英文版《共产党宣言》，借助《日汉辞典》和《英汉辞典》，字斟句酌、反复推敲，比平时译书多下了几倍的功夫，到4月下旬完成译稿。到上海后，陈望道请李汉俊和陈独秀进行校阅。恰在此时，反动当局查封了发行量达10多万份的《星期评论》，发表中文版《共产党宣言》一事落空了。直到当年8月，《共产党宣言》被上海社会主义研究社列为“社会主义研究小丛书第一种”，得以由又新印刷厂首次以中文形式印刷出版1000册，一经发行便立即销售一空，次月加印的1000册也迅速售罄。

《共产党宣言》中文全译本的出版，如同一场及时雨，使中国许多先进分子豁然开朗，受到极大的思想启迪和精神鼓舞。它的传播为引导大批有志之士学习了解马克思主义、树立共产主义理想、投身民族解放事业发挥了重要作用，始终是激励中国共产党人不忘初心、牢记使命的精神源泉。

撰稿人/袁晶（南湖革命纪念馆）

讲述人/袁子一（复旦大学）

3　守望家风——一只小皮箱

这是一只小皮箱，它做工精致、轻便小巧。箱体长51厘米、宽31厘米、厚15厘米，混合质地，箱面及箱体中部有一老式铜锁和提手。因年代久远，箱体已有几处破损，用了36颗图钉加以固定，却不显突兀，倒像身经百战后的累累功痕。当你俯身打量它时，皮面在灯光下依旧散发着淡淡的光泽，仿佛穿越时光续放着光彩。

如果按年龄算的话，小皮箱现在应该已近百岁。它最初的主人叫张子清。20世纪20年代，张子清带着它在广州农民运动讲习所学习马列理论、追求革命真理；50年代，张子清的女儿张质彬带着它在益阳师范和武汉大学挑灯夜战，学习文化知识；80年代，张子清的外孙女王麟依然带着当年外公和母亲都用过的这只箱子留洋深造、刻苦求学。一家三代，沿着历史的足迹走来，小皮箱见证了他们的奋斗年华。它在三代青年的寻梦路上装载的不仅是书籍物品，更是一脉相传的红色家风。

首先，我们跟随这只皮箱走近它最初的主人——张子清。张子清，1902年出生于湖南桃江县的一个爱国军人家庭。受父亲的影响，张子清誓承父志，立志报国。1920年，他从湖南讲武堂毕业。1925年，加入中国共产党。1926年，他主动放弃去美国留学的机会，带着这个小皮箱到了广州，进入毛泽东主办的农民运动讲习所学习马列思想。1927年又随毛泽东参加秋收起义上了井冈山。在这里，张子清参加了打茶陵、攻遂川、战宁冈等战斗。

1928年4月底，朱毛红军胜利会师，成立了中国工农红军第四军，张子清为红四军第十一师师长。在接应朱德、陈毅部队上井冈山时，他在酃县接龙桥阻击战中脚踝中弹负伤。在没有麻药的情况下，他硬是咬木取弹，无惧伤痛，被誉为“红军中的关云长”。

1929年1月，红四军主力出击赣南，牵制进攻井冈山之敌。脚部伤口不断发炎、已经行动不便的张子清拒绝了毛泽东“抬也要把张子清抬出井冈山”的要求，他认为部队要突围，抬他只会给大家增添麻烦，于是在病榻上临危受命任红五军参谋长，选择留守井冈山。之后，战士们用担架抬着张子清到黄洋界、八面山哨口，一个一个查看地形，和彭德怀等人商量哪里应该设立工事，哪里应该设置火力点。

何长工曾经回忆：“每次看望张子清，他总是说，天很快就要亮的，黑云就要散的。因为，他坚信，马列主义一定会胜利，共产党一定会胜利。”可是，张子清没能等到革命胜利的那一天。因为缺医少药，他的枪伤一直未能得到有效治疗，感染越来越严重，但他一面忍着伤痛的折磨，一面忘我工作。伤痛和感染一点点消耗着他的生命力。1930年5月，张子清在永新焦林寺病逝，年仅28岁。毛泽东曾深情感慨："张子清是一个真正的共产党员，是无产阶级的钢铁战士。他为革命竭尽忠勇，是红军中的关云长。"

90多年过去，小皮箱的主人张子清已化作高悬于穹顶永不坠落的星辰，但"心怀人民，赤胆忠心，舍己为人，大义无私"的精神却从未消逝。家人们秉承父辈遗风，永葆忠诚本色。他们都因自己是烈士的后代深感自豪，从不炫耀自己或以此作为本钱向政府提出要求。张子清的战友何长工、黄克诚曾几次寻访张家，关切地询问有何困难需帮助解决，张家后人都婉言谢绝。张子清的女儿张质彬深受父亲的影响，作为革命烈士后代，对党忠诚老实，对工作认真负责，被评为全国优秀共产党员。她在怀念父亲的文章中这样写道："您对革命的忠诚勇敢，以及德高望重的崇高思想品德，永远铭刻在我的心中，永远值得我们尊敬和学习。"张子清外孙王鹏的女儿说："我们家的家风一直很严格，不管是工作还是生活都没有忘记自己是烈士的后代，从小父辈就教育我们，什么时候都要靠自己努力。"

作为国家一级革命文物，这只珍贵的小皮箱不仅是张子清一家三代的传家宝，也是我们民族的传家宝。透过它闪耀的光辉，我们可以看见，家风是一个家庭乃至一个民族融化在血液中、沉淀在骨髓里的优良品格，更是薪火相传的红色基因。正如习近平总书记所强调的那样：“不论时代发生多大变化，不论生活格局发生多大变化，我们都要重视家庭建设，注重家庭，注重家教，注重家风。”家风蔚然，方能国风浩荡。

撰稿人 / 钟梅芳（井冈山革命博物馆）

讲述人 / 高婷（宜春学院）

4　星火燎原　莲花一支枪

“枪杆子里出政权”是毛泽东在八七会议上提出的著名论断。在土地革命战争中，枪就意味着武装斗争和夺取政权。如今，在井冈山革命博物馆里陈列着一支俄国造的步枪。毛泽东在《井冈山的斗争》一文当中提到“莲花保存一支，其余概被豪绅缴去”，说的就是这支被莲花县共产党员贺国庆冒着生命危险保留下来的枪。贺国庆，湖南省攸县石桥乡人，出身贫苦，性格豪爽，敢作敢为，当时是农民自卫军的班长。1927年9月，在攻打永新战斗中，贺国庆缴获一支崭新的“俄国造”步枪，为了奖励他的勇敢，上级决定将这支枪交给他保管和使用。

党领导的农民自卫军经过多次战斗，遭到重大损失，莲花县总共60支枪最后被敌人缴获了59支，只剩下了贺国庆手中这一支“俄国造”步枪。所以当时这支枪就显得尤为宝贵。此时，反动武装在当地土豪李成荫的带领下，成立莲花县靖卫团，在农民武装活动过的地方大肆烧杀，企图彻底毁灭革命力量。而贺国庆也开始了他的藏枪之路。“枪是穷人的命根子，我死也不能交出去！”为了保存这支枪，贺国庆把枪拆成了三部分，分别放在三个地方。之后因形势紧张，贺国庆又将枪支取出来，转移到老家湖南攸县石桥乡的一个薯窖中，自己则留在石桥乔装成农户，每天放鸭，秘密照看这支枪。

为了找到贺国庆和他手中的这支枪，靖卫队来到他家中，将他父亲贺承茂五花大绑，严刑拷问，老人宁死不屈，不肯说出贺国庆和枪的下落，敌人将他活活烧死，接着又杀死贺国庆的弟弟，母亲也被逼疯了。噩耗传来，贺国庆悲愤不已，心中燃起熊熊怒火：要革命，要报仇，保住钢枪，等待革命高潮的到来。

1928年，莲花县以贺国庆保存的这支枪“起家”，成立了莲花工农赤卫队。不到一年的时间，赤卫队发展到130多人，200多支枪，成为井冈山革命根据地一支重要武装。当时县委书记朱亦岳特意写了一副对联：一根枪支开辟红色地区在今岁，万民团结推翻黑暗统治属当年。

1929年2月，在攻打漕泊的战斗中，一颗流弹击中了贺国庆的小腹，血流不止。弥留之际，他跟战友说：“我没什么遗产，这支枪是我用生命保存下来的，我希望你们拿着这支枪继续战斗，不断地把革命坚持下去。”贺国庆牺牲后，他保枪、藏枪、献枪的故事激励着莲花人民永远保持不怕牺牲的斗争精神。莲花县党的武装不断地壮大，成为井冈山革命根据地重要的一支力量。今天，莲花一支枪的血脉依然在延续，莲花工农赤卫队已经发展为如今西部战区第七十七集团军的一部分。

当年赤卫队员面对党旗庄严宣誓："枪在火种在，星火要燎原！"正是因为部队在建立之初就深埋了莲花一支枪的红色火种，才有了后来的不断发展壮大。舍命保枪，即使只剩一支枪也要干革命！革命先烈崇高的信仰、坚定的信念、不怕牺牲的精神，永远值得我们弘扬和传承。

撰稿人/刘治红（井冈山革命博物馆）

讲述人/叶新源（赣南师范学院）

5　一口米缸见初心

这是一口棕黄色的陶质米缸：高61厘米，腹围167厘米，口径36厘米，底径27厘米；鼓腹、曲颈、圆口、竖条花纹。这口看似普通的米缸历经90多年的风霜，依然立身在井冈山革命博物馆内，散发着缕缕光芒。它看上去就像一位耄耋老人，正在静静地回忆着烽火连天的峥嵘岁月，正在无声地解说着当年秋收起义部队绝处逢生、由弱变强伟大转折中所蕴藏的深刻道理。它也是人民子弟兵自觉遵守群众纪律、维护群众利益的有力物证。

1927年9月下旬，毛泽东率领秋收起义部队进军井冈山，途中辗转来到了莲花县的甘家村。当地老百姓不了解工农革命军的性质，于是纷纷躲藏了起来，村子里瞬间没了人影。工农革命军进村后，又累又饿，疲惫不堪，队伍决定就地休整，解决吃饭问题。可是炊事班已经没有存粮了，只好去找老乡帮忙。大家分头在村子里寻找食物，从村头走到村尾，却没见到一个老乡。就在大家倍感失望的时候，突然听见村子西头一位炊事员兴奋地喊道："班长，快来呀，我找到粮食了，找到啦！"原来他在一家破陋的矮房墙角发现了一口棕黄色的大米缸，里面还装着半缸白花花的大米。战士们都非常高兴，想着赶紧拿回去做饭吧，大家都饿着呢。

但是，随意拿走老乡的东西，是违反纪律的，炊事班长犹豫不决，可是不用这些米做饭，又拿什么东西来填饱战士们的肚子呢？为解燃眉之急，炊事班长只好用这些米做饭。不一会儿，战士们吃上了香喷喷的米饭。看他们吃得津津有味，班长心里乐开了花。但是，毛泽东知道这件事情后，把炊事班长叫过去，狠狠地批评了他，并责令部队照价赔偿。由于没有那么多银元，再加上这家主人也不在，不能当面赔偿，工农革命军就留下了一封道歉信，并把一床棉絮卷好放在米缸里，用来抵米钱。

其实，这家的主人是一位叫陈娇枝的年轻妇女。由于当地老百姓不了解工农革命军是一支什么样的队伍，以为又是军阀部队来了，青壮年害怕抓丁纷纷往山里逃跑，其他人也都躲藏起来。当时陈娇枝要分娩了，来不及躲上山，只好躲在又破又黑的柴房里。陈娇枝的丈夫也躲起来了，但并没有躲远，他还惦记着家中的爱人和孩子。当部队一离开村子，他就回到了家里，看到米缸上放着一床棉絮，缸里原来剩下的一点米不见了，但有张纸条，上边写着："对不起，我们刚到你家找不到人，把你们的米拿去吃了。给一床棉絮作为补偿，请收下。"他看完后心里非常激动，说这是"世界上最好的军队"。不久，这件事在全村传开了，大家都说工农革命军好。解放后，陈家翻了身，添了新家具，唯独这口缸没有舍得换。几十年过去了，米缸裂了条缝，陈娇枝就用桐油掺石灰补好，这口米缸也成为了陈家的传家宝。1969年，米缸被陈娇枝捐赠给井冈山革命博物馆，现在是馆藏的国家一级革命文物。

这口米缸是工农革命军纪律严明的历史见证。在波澜壮阔的历史风云里，这只是一件小事，但却有着非同寻常的意义。它表明，毛泽东率领的秋收起义部队，已经非常清楚自己究竟为谁革命，应该维护谁的利益。他们清楚地知道，自己担负着解救劳苦大众、使他们过上幸福美好生活的使命。正因认识到这一点，这支部队才能在极端困难的环境下，始终把人民群众的利益放在心上。这种“我们是劳苦大众的部队，必须为劳苦大众服务”的清醒认识，历经抗日战争、解放战争、社会主义革命等各个时期，始终不渝、历久弥坚，彰显了中国共产党人的初心——为中国人民谋幸福，为中华民族谋复兴。

不忘初心，牢记使命。新时代，我们更要坚持全心全意为人民服务，在工作中不侵占群众的利益，这样才能使党的事业获得最广泛、最可靠、最牢固的群众基础和力量源泉。

撰稿人 / 黄斐（井冈山革命博物馆）

讲述人 / 李昂（华中农业大学）

6　贺龙的党员登记表

南昌八一起义纪念馆展厅内陈列着一份珍贵的党员登记表，它的主人就是南昌起义的总指挥——贺龙。在这份表上，登记了贺龙详细的个人信息，包括姓名、籍贯、婚姻状况、家庭关系、革命斗争小史等。在“个人信息”一栏，可以看到贺龙曾用名为贺镇南，籍贯为桑植，职业为军人。在“职业”一栏，贺龙写道：担任过营长、团长、旅长、镇守使、师长、军长等职。在“参加革命小史”一栏，贺龙写道：参加同盟会、参加1926年北伐、参加南昌暴动、东江失败回湘鄂西参加苏维埃运动创立红军。

这份登记表清楚地写明了贺龙的入党时间为1927年，介绍人为周逸群、谭平山。登记表上还有一些动人的细节，反映出贺龙为革命抛弃高官厚禄，誓死忠诚于党的坚定决心。如在填写“房屋、现金各多少”时，贺龙写道：什么都没有了。“在工农军政各界有什么社会关系？他们对革命的态度怎样？”贺龙填写道：以前的社会关系，参加革命后都不来往了。南昌起义之前，贺龙是国民革命军第二十军的军长，可谓位高权重。南京、武汉的两个国民党反动集团都极力拉拢他，可是他不仅不为所动，而且还放弃了本已拥有的荣华富贵，毅然决定加入共产党。

贺龙入党可谓久经考验。他在1959年参观南昌八一起义纪念馆时，曾深情回忆道："有人说我要求入党几百次，那是假的，但十几次总是有的，因为我是军阀，所以入党特别难，党要考验我，始终没有批准我的请求。早在周逸群带宣传队伍到我们部队工作时，有一次我去找他，发现他正在一个房间里主持入党宣誓仪式，宣誓入党的都是我的部下。事后我就对他说："老周啊，门不要关得那么死嘛，也让我进去嘛！"

1927年9月，南昌起义部队行至瑞金时，贺龙入党的心愿终于得以实现。周恩来向中国共产党前敌委员会建议：鉴于贺龙自南昌暴动到会昌战役，都表现出真诚合作的精神，而他本人又一再提出入党的请求，因此，应该满足他的愿望，批准他加入中国共产党。最终，周恩来的建议被组织采纳。

贺龙等人的入党宣誓仪式是在瑞金绵江中学举行的，由周恩来主持，李立三、恽代英、谭平山等出席。入党仪式上，周恩来对他给予了高度评价："贺龙是个好同志。"

几经周折，一心向着党与革命的贺龙终于光荣地成为一名中国共产党党员，而这张承载着贺龙坚定革命信念与迫切入党决心的党员登记表，也成为南昌八一起义纪念馆的珍贵展品。

撰稿人 / 王小玲（南昌八一起义纪念馆）

讲述人 / 贾李元（中南民族大学）

7 四口水缸 茶香四溢

在南昌八一起义纪念馆，陈列着一口陶制大水缸。该水缸外表面刻有二龙戏珠的主体图案，两条龙的上方环绕水缸沿口下端有一圈花纹，下方环水缸有一圈水波纹，龙翻卷的身躯中间刻有许多祥云图案。这口水缸现为国家二级文物。

1927年7月下旬，江西大旅社迎来了它历史性的时刻，南昌起义正在此紧张有序地酝酿着：贺龙部第一师租下了整个旅社，第一师师长、警卫营、特务营入住一楼；周恩来、贺龙、叶挺、朱德等先后抵达，并在此多次召开会议，研究起义战略部署；宣传工作人员、南昌群众代表也频繁进出，有条不紊地配合起义工作。

江西大旅社热闹依旧，但部队入住、起义官兵携枪带械，给不明所以的人带来了些许恐慌。如江西大旅社的老板包竺峰，他虽然应允起义军包租大旅社，但实则避之唯恐不及。起义军入住后，他连忙告假，悄悄地将一切事务交给经理料理。直到8月4日，起义军全部开拔后，他才重新回归。

相比之下，大旅社的工友们却异常朴实淳厚，他们丝毫没有惧怕恐慌，反而被充满豪情壮志又友好亲善的起义军将士所感染，一直留在大旅社里照料官兵们的饮食住行。短短两周的相处，他们便成为起义军的朋友，熊明亮便是这些工友们中的一员。

那时，熊明亮20多岁，刚来到大旅社当杂工。南昌起义时，正值酷暑时节，天气异常炎热，起义军需大量饮用水供给。恰好大旅社天井处存放着四口大水缸，水缸平时装满清水养着金鱼，供观赏和消防之用，此时改了新用途——盛放茶水。当时，起义部队负责后勤工作的同志找到大旅社的负责人，希望请工友帮忙为战士们烧好开水倒在水缸内，以备解渴之用。7月酷热，水要从附近的井里挑上来、烧开再盛装到大水缸里，并非易事。但一接到烧水任务，熊明亮便热火朝天地干起来，十几担水很快挑好烧开了。接着，开水被倒入大水缸，再放上茶叶，茶香顿时扑面而来。7月31日深夜，副官再次嘱咐烧好茶水。面对请求，熊明亮毫无迟疑，又在夜幕中忙碌起来。当晚，起义军战士正是将这芳香四溢的茶水灌进自己的水壶后奔赴战场的。

南昌起义后，江西大旅社经历了几十年的风风雨雨，辗转更名为“南昌饭店”“江西省政府交际处”等，大水缸则被移往四海旅社。1956年南昌八一起义纪念馆筹备建馆，熊明亮在该馆工作人员的陪同下，亲赴四海旅社，将其中一口水缸辨认出来，并与老工友们一起将它抬进了纪念馆。自此，大水缸便在纪念馆内陈列展出，至今仍似飘荡着悠悠茶香，缭绕茶雾中，依稀映现着熊明亮等工友忙碌的身影……

撰稿人/刘小花（南昌八一起义纪念馆）

讲述人/李金阁（中国药科大学）

8　一张收条与一封回信

在南昌八一起义纪念馆陈列展柜里，陈列着这样一对“国宝兄弟”、国家一级文物—— 一张收条和一封回信。

1927年8月3日，也就是南昌起义的第三天，繁忙的国民党江西省党部（此时为以共产党员为核心的国共合作组织）收到了一万银元的捐款！一万银元，这在当时可是一笔巨款。是谁这样慷慨解囊、雪中送炭呢?

原来，南昌起义之前，南昌成立了一个名为江西民众慰劳前敌革命将士委员会的左派群众组织。它的负责人之一，是当时国民党左派人士朱大桢。8月3日，朱大桢将筹得的一万元起义军慰问款亲手交到了江西省党部，经手人是党部负责人罗石冰。罗石冰接过银元，当即给朱大桢写下收条：

今收到贵会慰劳革命将士捐款壹万元正。

随即，罗石冰同江西省党部另一位负责人黄道分头将这笔钱送到参加起义的叶挺部第十一军与贺龙部第二十军政治部主任手中。第二天，罗石冰又写了一封回信给朱大桢，告知他这笔捐款的去向。回信内容为：

迳启者：昨日收存贵会转来之慰劳捐款已由本会黄道、罗石冰两常委分别送交十一军与二十军两政治部主任领收，代为分发矣。

这笔钱对于起义军来说可谓雪中送炭。当时，金融紊乱、物价飞涨，纸票已“暗中打七折或六折”。叶挺、贺龙部队从武汉带来的一批国库券，以及接管江西省银行时所得的纸币都已大打折扣，加之起义军南下途中，纸币兑换困难，银元对起义军而言显得尤为重要。南昌各界群众所捐赠的这一万银元有效支援了起义军，为其顺利南下作出了重要贡献。

对于南昌人民的深情厚谊，起义部队从未忘记。林伯渠对此感慨颇深：“这是群众对起义军的深情……等将来革命胜利了，加倍奉还。对于人民在困难时刻支援我们的情谊，我们永远也不要忘记。”

林伯渠的真切话语道出了无数起义军将士、共产党人的心声，收存慰劳起义军捐款收条和回信的朱大桢更是铭感五内，并将两张纸珍藏了20余年。1956年南昌八一起义纪念馆筹建时，纪念馆的同志希望朱大桢把这两件珍贵的文物捐赠给纪念馆。他起初并不同意，因为“保留这张收条，说明我的确把人民的钱交给了起义部队，没有中饱私囊”。后来，经纪念馆同志多次拜访及说明情由，朱大桢最终被打动，同意将原件捐献出来。

收条和回信看似简单，却意义非凡。收条不仅是起义部队军费来源的证明，更饱含着南昌民众对这支人民军队的深情厚谊；而回信则说明早期的共产党员已经具备了严格遵守党的财政纪律的意识，并体现了他们严谨细致、有始有终的工作作风。

撰稿人／刘小花（南昌八一起义纪念馆）

讲述人／张儒硕（吉林大学）

9　陈觉、赵云霄：两封诀别信

两封催人泪下的书信，安静地躺在中国人民革命军事博物馆展陈柜内，其中一封是陈觉就义前给妻子赵云霄的诀别信，另一封是赵云霄给襁褓中女儿的遗书，书信文字感人肺腑、震撼人心。在生死考验面前，陈觉、赵云霄这对年轻的革命伉俪，向世人展现了中国共产党人的革命精神和侠骨柔情。

1925年，22岁的陈觉和19岁的赵云霄作为第一批先进青年前往莫斯科中山大学学习。学习期间他们相识相知相爱，结为夫妻。在陈觉写的诀别信中，曾回忆这段难忘的青春岁月："回忆我俩在苏联求学时，互相切磋，互相勉励，课余时闲谈琐事，共话桑麻，假期中或滑冰或避暑，或旅行或游历，形影相随。"

1927年，陈觉、赵云霄一起回国，先后在东北、湖南等地做党的秘密工作。这年11月，回到家乡醴陵的陈觉、赵云霄，与县委一道领导武装建设，开展革命斗争。1928年春，中共湘东特委和醴陵县委发动"醴陵暴动"。作为省委特派员的陈觉，参与指挥了这场战斗。革命道路危险坎坷，夫妻二人始终相互扶持、鼓劲，共同攻克一个又一个难关。陈觉在信中写道："去年返国后，你路过家门而不入，与我一路南下，共同工作。你在事业上、学业上所给我的帮助，是比任何教师任何同志都要大的。"

此后，陈觉被派往常德组织湘西特委。赵云霄因有孕在身，回到省委机关负责联络工作。1928年4月，外出联络的赵云霄被叛徒发现，随后在住处被捕。面对敌人的盘问，赵云霄始终一言不答，守口如瓶。然而，远在常德县城的陈觉，还是因为叛徒告密被捕。长沙反动当局判定陈觉、赵云霄夫妇是"大有油水"的人物，开出"供出组织，立即释放"的劝降条件，陈觉夫妇对此嗤之以鼻。失去耐心的敌人随即对陈觉进行残忍的拷打，企图从肉体和心理上摧毁这对"笼中"夫妻。但结果仍是令他们失望的，陈觉、赵云霄的革命意志始终坚如磐石！

最终，一无所获的反动当局以"策划暴动，图谋不轨”的罪名，判处陈觉、赵云霄死刑。陈觉在就义前给妻子留下诀别书。“云！谁无父母，谁无儿女，谁无情人，我们正是为了救助全中国人民的父母和妻儿，所以牺牲了自己的一切。我们虽然是死了，但我们的遗志自有未死的同志来完成。”1928年10月14日，陈觉被害于岳麓山穿石坡。四个月后，赵云霄为刚刚出生的女儿取名“启明”，并留书一封，寄托自己对女儿的爱。“小宝宝，你是个不幸者，生来不知生父是什么样，更不知生母是如何人。”“我很明白地告诉你，你的父母是共产党员。”“望你好好长大成人，且好好读书，才不负你父母的期望。可怜的小宝贝，我的小宝宝！”1929年3月26日，在给襁褓中的女儿喂过最后一口奶后，赵云霄毅然走上刑场，牺牲时年仅23岁。

撰稿人／王桢（中央党史和文献研究院）

讲述人／周心愉（北京师范大学）

10　一堵残墙　一座丰碑

在福建省龙岩市永定区金砂乡，有一处特殊的“故居”，走进院门，看不到一间房子，院内只有一座亭子，亭内竖一碑，上书“张鼎丞故居纪念亭”几个大字。在院内不起眼的一角，有一堵残墙，墙宽约两米、高不到三米，墙面凹凸不平，有火烧过的痕迹。这堵残墙记载着张鼎丞的革命故事，是一座共产党员践行初心使命的丰碑。

张鼎丞，1898年12月出生于金砂乡西湖寨一户贫苦农民家庭，1927年加入中国共产党。1928年起，同邓子恢等一起，领导了龙岩、永定、上杭等县农民武装暴动，建立了苏维埃政权，是闽西革命根据地主要创建者之一，1932年当选为福建首任苏维埃政府主席。中央红军主力长征后，他留在闽西地区坚持游击战争。中华人民共和国成立后，任福建省首任省委书记、省政府主席。1954年后，当选为中华人民共和国第一、二、三届最高人民检察院检察长，1975年至1980年任全国人大常委会副委员长。

张鼎丞一家在他的影响下，积极参加革命，做出了巨大牺牲。张鼎丞弟弟范炳元（原名张福义）于1929年春英勇就义。另一个弟弟张福智于1930年在反动统治区工作中牺牲。1935年，在部队的一次转移途中，张鼎丞的父亲张来洪遇害。1936年夏，张鼎丞的母亲范达春在执行任务时被捕，国民党反动派对她施以酷刑，并将她投入监狱，直到国共第二次合作后才被释放。经过一年多苦痛的狱中生活的范达春出狱后，病情日益恶化，在她临终前，亲人们要派人通知张鼎丞，可她却交代说："要鼎丞安心工作，尽忠革命。鼎丞是忠臣孝子，不要悲伤。"

张鼎丞家的房子于1928年被国民党军队烧为废墟，只留下一堵残墙。新中国成立后，乡亲们多次提出为他重建，他都没有同意。1964年8月，永定暴动纪念馆的负责同志写信给张鼎丞的侄子张定安，告知准备重建张鼎丞的房子作为纪念室。张定安将原信转给张鼎丞。9月27日，张鼎丞写了一封长信给张定安，信中说："我过去在金砂住的房子，根本不应该考虑重建。过去就有人提过这个问题，我一直表示不同意。在旧社会里，做了官，就要在家乡买田置产，大兴土木，筑楼建房，修祠堂立碑石，所谓荣宗耀祖。我们搞革命的，决不能这样做。一个革命者应当全心全意为大多数人服务，决不可为少数人服务，更不可为自己服务。任何时候都应当以大多数群众的最大利益作为考虑问题的出发点。现在农村的情况虽然比以往有了很大的改善，但大多数地方还没有摆脱贫穷，大多数人的住房还是拥挤的、简陋的，如果现在把我过去住的房子重建起来，会有什么影响呢？”“需要作为纪念的话，现在这个样子，立一个说明牌，说明原来的样子，和怎样被国民党反动派破坏的，就很能起到纪念的作用。你可以按我的意见答复他们。”信中还说：“我希望你写信回家乡时，多宣传党的政策，遵照毛主席指示，发扬革命传统，争取更大光荣。在党的领导下，依靠金砂人民艰苦奋斗，彻底改变一穷二白的面貌，建设起一个社会主义新农村，这样才真正当得起老革命地区的称号。”

家乡人民遵从张鼎丞的意见，至今没有重建他的故居。1981年12月16日，张鼎丞逝世。根据他生前的交代，没有开追悼会，没有举行遗体告别仪式，不留骨灰。1982年1月1日，一架草绿色的“安二”型飞机，沿着闽西汀江两岸缓缓低飞，张鼎丞的骨灰撒落在他深爱着的这片红色热土上。

今天，张鼎丞的家乡金砂乡发扬“干革命走前头，搞生产争上游”的光荣传统，依托厚重的红色资源，倾力打造金砂红色小镇，一栋栋整齐排列的民居经过统一的立面改造，旧貌换新颜。沿着金砂红色小镇的牌楼往里走，客家米酒、永定牛肉丸、客家糍粑……各种美食汇聚其中，吸引了大量游客，带动了群众增收致富。红色和生态优势成为金砂乡推动乡村振兴的强劲动力。

一堵残墙，历经近百年沧桑，仍巍然屹立，映照了一名共产党员的初心，在人们心中矗立起一座永远的丰碑。

撰稿人 / 王仁锋（《党建》杂志社）

讲述人 / 秦子昂（华侨大学）

11　一块写有“六项注意”的包袱布

在井冈山革命博物馆里，珍藏着一块灰白色的方粗布，长87厘米，宽81厘米，上面写着：（1）捆铺草；（2）上门板；（3）买卖公平；（4）言语和气；（5）借东西要还，损坏要赔偿；（6）不准乱翻东西。

这是井冈山革命斗争时期红军战士使用过的一块包袱布，上面的“六项注意”是战士们根据记忆写下的，与毛泽东正式宣布的“六项注意”文字上略有偏差，但意思基本相同。这得从我军军队纪律的发展讲起。

那是一个阳光明媚的秋晨，一队整装待发的工农革命军战士列队在草坪上。毛泽东站在一块名叫“雷打石”的石头上大声说道：“同志们，今天我们就要上井冈山了。我们这次上井冈山，一定要和那里的老百姓搞好团结。”接着，他习惯性地扳着指头，一字一句地提出三条规矩：“第一，行动听指挥；第二，不拿农民一个红薯；第三，打土豪要归公。只有大家都这样做了，我们才是真正的工农革命军！”这三条规矩，后来发展成家喻户晓的“三大纪律”。

1928年1月初，部队攻下遂川。一天，毛泽东到乡下搞调查，问当地老乡："工农革命军战士有没有给老表们找麻烦？"老乡说："从来没有遇上过这么好的军队，纪律可真严，不偷不抢，不打人不骂人，说话和气，借东西会还，真是我们农民的贴心人啊！"这位老乡停顿了一下，然后吞吞吐吐地说："不过，有件小事如果能改一下就更好了。战士们借了我家的门板去搭铺睡觉，后来还回来的不是原来的那一块。我们的门板尺寸大小不一，挂钩也有差别，门板就上不回去了，我自己得挨家挨户去找，还真有点麻烦。"

另一位老乡接着说："我家一大堆稻草，借给战士们摊铺睡觉，用过后也都还了，可还回来的全是散的，我花好几天才捆好的。"

毛泽东听后笑着说："放心吧，老表，我们马上就改！"

随后，毛泽东在遂川县李家坪召开了工农革命军全体军人大会。会上，他肯定了革命军战士在执行群众纪律方面的好做法，但也指出了不足之处。他说："有些注意事项还得改一改。比如说，我们在还门板的时候啊，应该把门板上好才对，只有把借来的门板上回到借主家的门框上，才算真正做到物归原主。还有，就是应该把散开的铺草捆好再还给借主，这样就整齐多了，以免稻草遍地都是。"

接着，毛泽东非常严肃地说："现在，我代表党的前委，向大家正式宣布，我们的‘六项注意’是：（1）上门板；（2）捆铺草；（3）说话和气；（4）买卖公平；（5）借东西要还；（6）损坏东西要赔。这几条，大家可都要做到啊！只有这样，我们在井冈山革命根据地才能扎根于人民。”

在艰苦的革命岁月，官兵们为了时刻提醒自己坚守铁的纪律，便把“六项注意”写在包袱布上，行军时把它背在身后，宿营时就把它挂在墙上，时刻做到警钟长鸣。包袱布上的“六项注意”，看起来是件小事，却体现了工农革命军对群众秋毫无犯、执纪如铁的过硬作风，他们以严明的纪律赢得了广大人民群众的拥护和爱戴。

撰稿人/黄俊峰（井冈山革命博物馆）

讲述人/邵歆晨（江西师范大学）

12　一条见证初心的红军识别带

在井冈山革命博物馆里，有一条红带子不断吸引着游客驻足观看。这条红带子，长70厘米，宽4厘米，两端印有“遂川第五乡工农兵苏维埃政府”字样。

这是遂川县赤卫队队长王棣权用过的一条识别带。1928年，王棣权在一次战斗中壮烈牺牲，他的妻子怀着巨大悲痛把丈夫生前系过的这根红带子藏在了房屋的墙洞里，默默守护了几十年。中华人民共和国成立后，这根识别带由井冈山革命博物馆征集收藏，现为国家一级革命文物。

识别带，又称牺牲带，是战争年代革命者的一种标记。井冈山革命斗争时期，由于条件艰苦，部队中没有统一的军服。有的官兵穿着旧式军服，有的穿着学生服，更多的是一身普通老百姓的装扮。为了区分敌我，战士们便在脖子上系上红带子，只要系上它，就准备随时为革命献身。

有位老红军回忆道：“在打仗前，战士们互相交代的话通常只有两句。一句是‘如果我在战斗中牺牲了，请记得告诉我家里的老母亲，她的孩子是什么时候、在什么地方牺牲的’；另一句是‘等将来革命胜利了，请记得为我在革命烈士名册上也登上一个名字吧’。”可大多时候战士们前赴后继地倒下，旁边的战友根本来不及掩埋同伴的遗体，更无法把战友牺牲的消息告诉他们的家人，因为很多人连姓名都没有留下……

在井冈山革命斗争时期，牺牲的烈士共有4.8万余名，有名有姓的烈士只有15744名，3万余名无名英雄长眠在这片红色的土地上。普通却不平凡的识别带，凝聚着先辈们英勇奋战、不怕牺牲、甘愿为党和人民流尽最后一滴血的革命斗志与不屈精神。

“为有牺牲多壮志，敢教日月换新天。”90多年过去了，井冈山已经成为人们心中理想信念的精神高地。无数的参观者来到这里，穿上整齐的红军服，系上鲜红的识别带，追寻着先辈们闪光的足迹，用心感悟着中国共产党人的初心和使命。

撰稿人 / 钟梅芳（井冈山革命博物馆）

讲述人 / 王震（南昌大学）

13 维护“人民利益”的珍贵竹牌

在红军标语博物馆的展厅里，陈列着几块十分特别的竹牌子，上面写着一行密密麻麻的字。这些竹牌的背后，有着这样一段历史。

那是1928年3月中旬，部队到达湖南炎陵县中村乡不久，毛泽东就开始思考土地革命的问题。他认为中国革命要争取广大农民的支持，必须解决农民的土地问题。

一天傍晚，毛泽东带领几个战士来到叶老汉家里，准备将粮食和衣服送给他。可叶老汉担心红军走后，土豪劣绅会来打击报复，说什么也不收。

毛泽东看出了叶老汉的心情，亲切地对他说，老人家，你莫害怕。粮食是穷人种的，布是穷人织的。今天我们从土豪劣绅家里夺回来分给穷人，这叫物归原主。以后我们还要搞土地革命，没收土豪劣绅霸占的土地，归还农民！叶老汉说，我是怕你们一走，土豪劣绅又会领着国民党回来，杀我们的头。

毛泽东听完叶老汉的话，没有急着回答。他叫来一名战士，找了一把筷子，先取出一根递给叶老汉，叫他折折看。叶老汉没费吹灰之力，“啪”的一声就把这根筷子折断了。接着毛泽东又将一把筷子拴在一起，递给叶老汉折，叶老汉使尽全力也没能把这把筷子折断。这时，叶老汉的屋里屋外都站满了人。毛泽东一边跟群众打招呼，一边因势利导地对大家说，刚才大家都看见了，一根筷子容易断，一把筷子就难折，因此，只要我们穷人团结起来，拧成一股绳，就不怕土豪劣绅。他又说道，小石头能够砸破大水缸，我们工农劳苦大众组织起来，就会像一块坚硬的大石头，不仅能砸烂土豪劣绅的这些小水缸，还能砸烂国民党这个大水缸。

在场的人听完毛泽东的话，脸上露出了笑容，你一句我一句，纷纷议论开了。此时，叶老汉再也忍不住了，他抽出含在嘴中的旱烟筒连声说，毛委员的话讲得真好，过去我们有句老话，人心齐，泰山移。我们大家都听毛委员的，团结起来，就一定能把土豪劣绅打倒。

回到驻地后，一些战士反映农民都不敢接收送去的东西，毛泽东告诉大家，农民不敢收我们的东西是他们心有余悸啊，特别是怕我们一走，土豪劣绅会卷土重来，进行报复。我们一定要多宣传，多发动，让他们提高觉悟，白天不好送，就晚上送去。此后工农革命军就按这个办法深入百姓家里访贫问苦、发动群众。

3月24日，毛泽东主持召开了农协骨干会议，专题讨论了土地革命问题，确定没收土豪劣绅霸占的土地，平均分配给农民，同时，给财主家属以生活出路，也分配一定数额的土地。当场抽调部队干部和地方干部组成工作组，下到各村开展分田运动。

不久，昔日土豪劣绅霸占的土地全部插上了写有姓名、田土坐落、四界、面积的竹牌子。贫苦农民来到田头，摸着写有自己名字的牌子，不禁流下了激动的泪水，他们说："毛委员来了，红军来了，土地也回到了家里。"

中国共产党领导的土地改革，让世世代代缺田少地的贫苦农民得到了实实在在的利益，打破了当时极端不平等的土地占有制度，铲除了压迫老百姓的封建剥削制度，极大激发了农民群众的革命热情，为中国革命的胜利提供了强大力量。

撰稿人/红军标语博物馆

讲述人/初勇志（中国石油大学（北京））

14　古田会议纪念馆中的“三个第一”

1929年，在古田这片红色土地上，毛泽东等红四军领导人主持召开了著名的古田会议，探索出思想建党、政治建军的光辉道路，新型人民军队由此走上了发展壮大的历史征程。

让我们一起走进古田会议纪念馆，通过纪念馆珍藏的三件文物背后的故事，讲述这段永放光芒的历史。

人民军队的第一套红军装

“上衣为中山装式，有两个上贴口袋，领口佩缀红领章；裤子为普通样式，配裹腿；军帽为八角帽，缀有布质红五角星帽徽。”这套简朴的军装，就是中国红军历史上第一套正规军装，于1929年3月在福建长汀被设计并制作出来。

为打破敌军对井冈山革命根据地的第三次“围剿”，1929年春，毛泽东、朱德、陈毅率领红四军主力离开井冈山，向赣南闽西进军。在当地党组织和地方武装的紧密配合下，红军经过半年艰苦转战，成功开辟了以龙岩、永定、上杭三县为中心的闽西革命根据地。当年，由于经济困难且长期处于战争环境之中，红四军服装各式各样、形形色色，大部分战士的服装相当破旧，急需更换补充。考虑到当时的实际情况，同时为了便于行军作战和内部管理，毛泽东、朱德、陈毅等红四军主要领导人决定拿出一部分军饷，制作4000套军装。

崭新的军装极大改变了红军的军容军貌。这是红军自从1927年井冈山革命根据地创建以来，第一次统一了军装。多年以后，朱德在延安接受美国记者史沫特莱的访问时，还对在长汀制作统一军装的事情记忆犹新。史沫特莱在她的著作《伟大的道路》一书中写道：

“朱将军说：我们现在终于有了第一批正规的红军军

装。新军装的颜色是灰蓝的，每一套有一副裹腿和一顶红星的军帽。它没有外国军装那么漂亮，但对于我们来说，可真是其好无比了。”

1929年4月1日，在长汀南寨广场举行的盛大阅兵式上，红四军官兵们穿着新制的统一正规军服，以整齐威武的军容，接受毛泽东、朱德、陈毅等红四军主要领导人的检阅。

人民军队的第一份报纸

人民军队出版的第一份铅印军报，是1929年7月27日红四军政治部在闽西创办的《浪花》报。

1929年，毛泽东、朱德、陈毅率领红四军第二次进入闽西，并于5月23日、6月3日、6月19日先后三次攻占龙岩城，消灭了福建省防军第一混成旅陈国辉部。至此，以龙岩、永定、上杭三县为中心的闽西革命根据地初步形成。从敌人手中缴获的印刷机器，成为红四军宣传战绩、发动群众、揭露和打击敌人的有力武器。

7月27日，红四军政治部创办了《浪花》报。《浪花》报（创刊号）开宗明义地指出，其使命是要“效力于它的主人——被压迫阶级”，以简洁的文字揭露包藏祸心的反动统治者的罪恶行径，发扬大无畏的革命气概，“唤起被压迫阶级和弱者去踏死那些为非作歹的败类——国民党反动派”。《浪花》报热情宣传了红四军攻克汀州，直取龙岩、永定、上杭，歼灭军阀郭凤鸣、陈国辉的战绩；报道了闽西各地举行工农暴动，组织工会、农会、赤卫队、暴动队，创建和发展闽西革命根据地的大好形势；号召贫苦工农积极行动起来打土豪、分田地，推翻封建剥削制度。

红四军在闽西的胜利，引起了蒋介石及闽粤赣三省国民党军队的惊恐，急忙调遣一批“剿匪健将”对闽西摆开“会剿”的阵势。面对敌人甚嚣尘上的“会剿”声浪，《浪花》报以它“特殊的精神”，淋漓尽致地揭露了军阀混战“挂羊头卖狗肉”的实质，动员根据地群众起来粉碎敌人的“会剿”。

人民军队第一个政治建军的纲领性文件

这是1929年12月在红四军第九次代表大会上通过的《古田会议决议》，它由八个决议案组成。古田会议决议系统地回答了建党、建军的一系列根本问题。

红军初创时期，兵员成分复杂，当时存在的一些非无产阶级思想严重地妨碍了党的路线的贯彻执行，这一问题亟待解决。1929年12月，毛泽东、朱德、陈毅在福建省上杭县古田镇廖氏宗祠领导召开了中国共产党红军第四军第九次代表大会（即古田会议）。

会上，毛泽东作政治报告，朱德作军事报告，陈毅传达中央“九月来信”精神。代表们经过热烈讨论，一致通过了由毛泽东起草的《中国共产党红军第四军第九次代表大会决议案》(即《古田会议决议》)。

《古田会议决议》是中国共产党和红军建设的纲领性文献，它初步回答了在党员以农民为主要成分的情况下，如何从加强党的思想建设着手，保持党的无产阶级先锋队性质的问题；初步回答了在农村进行革命战争的环境中，如何将以农民为主要成分的军队，建设成为无产阶级领导的新型人民军队的问题。

会议还选举产生了新的中共红四军前敌委员会，毛泽东、朱德、陈毅等11人为正式委员，毛泽东任前委书记。

撰稿人/叶勇明（古田会议纪念馆）

讲述人/张萌（厦门大学）

15　杨开慧：未能寄出的信

20世纪80年代初，在修缮杨开慧家老宅时，工人们从泥砖缝和檐头里意外发现一沓手稿。经考证，这些都是杨开慧在同毛泽东分别后的日子里写就的，因环境险恶无法寄送，只能将信件分藏家中。沉寂半个世纪的手稿内容情真意切，充满对丈夫浓浓的思念和坚定的革命情怀，令读者无不动容。

1927年8月，因革命斗争的需要，毛泽东从长沙去往安源部署秋收起义，妻子杨开慧则带着3个孩子回板仓老家继续地下斗争。不久，由于秘密交通遭到破坏，杨开慧只能通过报纸寻找丈夫的消息。每当看到国民党对“朱毛”屡“剿”屡败的新闻时，她既为革命鼓舞又为毛泽东担心。带领革命队伍上井冈山后，挂念杨开慧的毛泽东派人到长沙打听情况，结果得到了杨开慧“被害”的噩耗，这令他悲痛万分。事实上，杨开慧提前获得消息，及时进行了转移隐蔽。当地群众又有意传播杨开慧死讯，意图迷惑敌人。阴差阳错，远在井冈山上的毛泽东没有获得真实情况。

随着时间的推移，杨开慧的处境愈发危险。1929年3月7日，《国民日报》刊登朱德妻子伍若兰被砍头示众的消息。杨开慧对此感到无比愤慨，同时也感到死亡如影随形。她得知堂弟杨开明从井冈山到达上海后，立即提笔给他写信。她在信中流露出一个女人的柔弱：“我蜷伏着在世界的一个角落里，我颤慄而寂寞。”但同时，又表现出一位革命者的勇敢：“说到死，本来，我并不惧怕，而且可以说是我欢喜的事。”杨开慧放心不下自己的孩子，她请求堂弟和家人在自己遭遇不测后给予孩子关爱。对朝不保夕的日子，杨开慧作了最坏打算。她坦然地写道：“我总觉得我的颈项上，好像自死神那里飞起来一根毒蛇样的绳索，把我缠着，所以不能不早作预备！”信写好后，杨开慧发现寄信有被敌人发现的危险，只好暂时将其藏匿在墙缝中。

事实上，毛泽东也始终惦念着杨开慧和孩子们。1929年初，毛泽东离开井冈山，转战赣南、闽西地区。在得知杨开慧还活着后，他于11月写信给中央政治局常委李立三，说“我时常念及他们”，并询问杨开慧的通信地址。但由于革命的颠沛流离和敌人的严密监视，他们还是没能取得直接联系。

失去联系的日子里，杨开慧强忍内心的苦楚，在照顾家人的同时，坚持做力所能及的革命工作。闲暇时，她用笔寄托自己的情感：“几天睡不着觉，无论如何，我简直要疯了。许多天没来信，天天等。”“谁把我的信带给你，把你的信带给我，谁就是我的恩人。”“我的心挑了一个重担，一头是你，一头是小孩，谁都拿不开。”“我真爱你呀！天哪，给我一个完美的答案吧！”……与之前的信一样，这些信也被尘封在泥砖之中，没有如愿寄出。

1930年10月，杨开慧在板仓家中不幸被捕。敌人妄图强迫她交出地下党组织名单和毛泽东的具体情况，并认为“杨开慧如能自首，胜过千万人自首”，对她严刑拷打，百般利诱。但是，她大义凛然，始终坚强不屈，表现了共产党人崇高的革命气节。对此，杨开慧说过一句话：“我，死不足惜，愿润之革命早日成功！”1930年11月14日，杨开慧英勇就义于浏阳门外识字岭，年仅29岁。

撰稿人 / 王桢（中央党史和文献研究院）

讲述人 / 储燕（山东大学）

16 《反对本本主义》：毛泽东失而复得的著作

“没有调查，没有发言权。”这句大家耳熟能详的马克思主义名言就像鲜红的血液深深流淌在中国共产党人的血脉之中。这句话出自毛泽东早期的一篇著作《反对本本主义》。

《反对本本主义》原名《调查工作》，是毛泽东在土地革命战争时期为反对当时党内和红军中的教条主义思想而写的。1930年5月，毛泽东率领红四军到达寻乌县城，在这里进行了为期20多天的社会调查，除写下8万多字的《寻乌调查》，还写下了3000余字的《调查工作》，对调查研究的重要性、目的和方法等，作了既生动具体又有高度思想性的系统阐述。1930年8月21日，中共闽西特委把这篇文章翻印成小册子。

一贯注重调查研究的毛泽东，十分珍视自己的这些调查研究成果，尽管当时国民党反动派向中央苏区连续发动了几次大规模“围剿”，在资料难以保存的情况下，他仍然坚持把《寻乌调查》《调查工作》等材料捆好，带在自己身边。但遗憾的是，《调查工作》一文在转战中不幸遗失。为此，毛泽东非常惋惜，多次与人谈起它，说想念这篇文章就像想念自己的孩子一样。

这一遗失就是整整30年。

在那白色恐怖的年代，冒死藏下这本小册子并使它重现于世的是福建省上杭县的一位老党员赖茂基。

赖茂基是上杭县茶地官山村人。20世纪30年代，赖茂基以在代英县苏区做贩牛生意为掩护，为红军送信送物。他家是红军地下兵工厂，生产了大量的枪支弹药。红军长征后，赖茂基偶然在家中发现了中共闽西特委翻印的《调查工作》石印本及当时党组织和苏维埃政府发的一些文件。凭借着一个老共产党员的政治觉悟，他觉得这是一本很重要的书。当时，茶地已沦为国民党统治区，家里私藏毛泽东的书如果被敌人发现，后果是难以设想的。因此，赖茂基把《调查工作》用油纸包好，装在一个小木盒子里，在家里墙壁上凿开一个洞，把小木盒子藏匿在洞里，然后把洞封好，没有告诉任何人。他相信，总有一天革命会胜利，这些东西到时会重见天日。尽管后来国民党民团对赖茂基的家进行过全面搜查，但因藏匿得巧妙，小木盒子没有被发现。

1955年4月，中共中央办公厅发出了在全国范围内征集革命历史资料的通知。1957年2月，赖茂基老人毅然把小木盒子及藏在里面的《调查工作》作为重要革命文物捐献出来。1961年1月，毛泽东的秘书田家英从中央政治研究室工作人员那里发现《调查工作》，立即送交给毛泽东。

当这本纸张已发黄的小册子送到毛泽东面前时，他高兴地说，失散多年的“孩子”终于找回来了。为了表示感谢，毛泽东想邀请赖茂基到北京见见面，但遗憾的是，赖茂基1960年就去世了。

1961年3月，毛泽东将《调查工作》的题目改为《关于调查工作》，并加了按语。1964年，在《毛泽东著作选读》甲种本文稿审定时，毛泽东把它的名字改成了《反对本本主义》，还亲自作了批示：“这是一篇老文章，是为了反对当时红军中的教条主义思想而写的。那时没有用‘教条主义’这个名称，我们叫它做‘本本主义’。”

现在，注重调查研究已经成为我们党的优良传统和作风，习近平总书记号召全党同志大兴调查研究之风。毛泽东同志的《反对本本主义》在新时代更加熠熠生辉，继续指导全党同志克服官僚主义、形式主义，对贯彻落实党的思想路线具有重要作用。

撰稿人/侯爱萍　何惠芳（毛泽东寻乌调查纪念馆）

讲述人/周豪放（中国政法大学）

17　现存最早的入党誓词

1931年1月25日晚，对于贺页朵来说，是一个极不平常的夜晚。贺页朵是谁？在这个夜晚到底发生了什么？故事要从一块泛黄的红布讲起。

现珍藏在井冈山革命博物馆里的这块红布，上面写着：“牺牲个人，言首秘蜜（严守秘密），阶级斗争，努力革命，伏（服）从党其（纪），永不叛党。”这块写有24个字的粗布，看上去并不起眼，却是中国共产党现存最早的入党誓词。这份誓词，就出自贺页朵之手。

贺页朵是江西省永新县北田村的农民，由于家境贫寒，没有田地，他只能以榨油、打短工为生，饱尝人间辛酸。1927年，毛泽东率领秋收起义部队上了井冈山，开展了轰轰烈烈的农民运动。此时，41岁的贺页朵满腔热情、义无反顾地投身到这场革命运动之中，并担任了乡农协会副主席。

井冈山地处湖南、江西两省交界的罗霄山脉中段，这里群峰连绵，地形复杂，交通运输和通信联络极为不便。为了尽快与上级党组织取得联系，及时传递根据地内部的消息，贺页朵将自己的榨油坊作为红军的联络点，建立起地下秘密交通站，主要负责收集和传递情报，并作为运送伤病员、转运食盐等物资的驿站。同时，他还参加了攻打永新和吉安的战斗。

由于贺页朵表现出色，永新县东南特区党委决定吸收他加入中国共产党。1931年1月25日晚，入党宣誓仪式就在他的榨油坊里举行。在桐油灯下，贺页朵拿出自己早已准备好的一块红布，在上面端端正正地写下中国共产党的英文缩写“C.C.P.”和由毛泽东起草的入党誓词。之后，他又在布下方的两角各画了一颗五角星，五角星的中心是由镰刀斧头组成的党徽，5个角依次写着“中国共产党”5个字，并在布的右边空白处写上了自己的姓名和入党地点。最后，在入党介绍人的领誓下，贺页朵举起右手，庄严宣誓。

在当时白色恐怖、战火纷飞的年代，把自己的姓名、地点留在入党誓词上是一件非常危险的事情，一旦暴露，很可能性命难保，甚至会殃及全家。可贺页朵毫不畏惧，这体现了他坚定的革命信念和对党的无限忠诚。

1934年，贺页朵在一次伏击战中负了重伤。红军长征后，他留在永新继续坚持斗争，后与党组织失去联系。在漫长的岁月里，他冒着生命危险将写有入党誓词的布条用油纸包好，藏在榨油坊的屋檐下。1951年，中央南方老根据地慰问团来到永新，贺页朵亲手将这份珍藏多年的入党誓词交给组织。

细细品读这份入党誓词，尽管24个字中有5个错别字，却饱含着这名农民党员沉甸甸的赤诚之心；红布颜色虽已褪去，可共产党人的初心永不褪色。我们党的辉煌历史，正是在无数共产党人的声声誓言和一步一个脚印的践行中创造出来的。

撰稿人／廖俊杰（井冈山革命博物馆）

讲述人／叶子靖（井冈山大学）

18　瑞金红井：中国共产党一心为民的历史见证

在江西瑞金城外的沙洲坝有一口井，被誉为“红井”。它是中央苏区时期毛泽东亲自带领干部群众开挖的，它是党和苏维埃政府密切联系群众，解决群众生活困难的历史见证。

1933年4月，毛泽东随同临时中央政府机关由瑞金叶坪迁到沙洲坝。沙洲坝地处干旱地带，当地流传着一首童谣：“沙洲坝，沙洲坝，没水洗手帕。三天无雨地开岔，天一下雨土搬家。”毛泽东通过走访调查，发现沙洲坝不仅无水灌田，连日常生活用水也很困难，当地村民喝的都是又臭又脏的池塘水，很不卫生，容易生病。

为了解决村民的饮水问题，毛泽东找来乡苏维埃政府主席和村里的几位老人，提议在村里打一口井。那时村民都很迷信，几位老人极力反对，他们说："沙洲坝是旱龙，可打不得井哩！打了井，就断了我们的龙脉，龙王会怪罪的。"后来，经过毛泽东的耐心劝说，村民们终于同意挖口水井。

这年9月的一天，东方刚露出鱼肚白，毛泽东就领着警卫员来到驻地前的一块空地上，用锄头在适当的位置画了一个圈，作为井位，接着便抡起锄头挖起来。他让警卫员通知驻地机关的同志一起前来挖井。毛泽东一边挖井，一边乐呵呵地对大家说："听说有的乡亲迷信风水，不敢打井，怕得罪旱龙爷坏了屋场害了人。可我不怕，如果旱龙爷怪罪下来，让它来找我好了！"

在他的影响下，村民们纷纷加入打井的行列，你挖井、我挑土，几天工夫，一口直径85厘米、深约5米的水井打好了。毛泽东还和干部一起，从河床上挖来鹅卵石，请泥瓦匠用三合土给水井垒砌了井壁。为了使井水干净卫生，毛泽东还亲自下到井底，仔仔细细地铺了一层过滤井水的沙石和木炭。一桶桶清澈甘甜的井水从井中打出来，村民喝在口中，甜到了心里。

毛泽东爱民挖井的实际行动，为苏区干部树立了榜样，中央机关和驻地村民纷纷打井取水。从此，沙洲坝人民结束了饮用脏塘水的历史。

1934年10月，中央主力红军长征后，国民党反动派卷土重来，他们多次派人填埋这口井，以断绝人民群众对红军的想念。当地群众展开针锋相对的“护井”斗争，敌人白天填井，群众夜晚把井挖开。反复几次，沙洲坝人民最终“护井”胜利，保住了这口井。正如毛泽东所说的，真正的铜墙铁壁是什么？是群众，是千百万真心实意地拥护革命的群众。

1950年，为了迎接中央南方老根据地慰问团的到来，当地群众将这口井修缮完好，并正式取名为“红井”。为了表达对红军和毛主席的思念，他们在井边立了一块木牌，用毛笔写上“吃水不忘挖井人，时刻想念毛主席”。后来经过雨水冲刷，这块木牌的字迹变得模糊不清，人们就把它改为石碑。1961年3月，红井被国务院列为全国重点文物保护单位，成为全国重点红色教育景点之一。

“红井水哟，甜又清哎，手捧清泉想亲人，喝上呀一口哟红井水，一股暖流涌上心……”如今，这首饱含深情的歌曲《红井水》经常会被唱起。甘甜的井水滋养了一代代沙洲坝人。这口朴实无华的红井映照出的，是我们党始终“一切为了人民”的初心。

撰稿人／钟燕林（江西省瑞金市委党史办）

讲述人／徐有为（暨南大学）

19 见证鱼水情深的瓷碗

陕甘边革命根据地照金纪念馆收藏着两只旧瓷碗，虽然它造型笨重、花样普通，但当我们拂去历史的纤尘，便会看到这两只碗背后珍贵的红色记忆。

1933年4月5日，是中共陕甘边区召开第一次工农兵代表大会的日子，大会将选举产生边区新的革命委员会。天还没有亮，习仲勋和红军战士们便早早来到照金镇岳家山村。他们拿来几个大碗，搬来几张木桌，用红土疙瘩在一块木板上写下“陕甘边区革命委员会”九个大字。望着漫山遍野的梢林，习仲勋的目光愈发坚毅：“总有一天，党和红军的力量会和这茂密的梢林一样，蓬勃旺盛，生生不息！”

简易的台子前，几位候选人间隔站着，台子上放着与候选人数目相等的几只旧碗，台下的代表们每人手里攥着一粒小小的黄豆。为什么要拿豆子当选票呢？因为在那个年代，群众大多都不识字，为了能在充分发扬民主、体现公平的前提下方便群众行使权利，就采用了这种“投豆得票”的特殊选举办法。选举正式开始了，代表们整齐列队、有序上台，把手中的黄豆郑重地投到候选人身后的碗里。这些小小的豆子聚在一起，种出来的不是普通的庄稼，而是一个属于人民自己的政府。

在这次大会上，年仅19岁的习仲勋当选为副主席。习仲勋他们内心深知，这些装着黄豆的碗，承载的是边区群众对他们满满的信任和期许。

革命委员会成立后，习仲勋领导群众打土豪、分田地，建立集市贸易，和群众一起下地种庄稼，一家一户访贫问苦。在习仲勋等人的领导下，边区工作开展得有声有色，一些在白区生活的老乡也慕名前来，照金苏区得到不断的扩展和巩固，成了贫苦大众心中向往的地方。习仲勋的忘我付出，换来的是边区群众的真心拥护和爱戴，乡亲们亲切地称呼他“乡党主席”。在他身负重伤、生命垂危的紧要关头，边区群众冒死相救、为他疗伤。

习仲勋对待群众的赤诚之心，像扎根泥土的照金梢林，单片的梢林虽不高大、不繁茂，但聚拢起来却是气势磅礴。它们抵得住狂风，抗得过干旱，根有初心，脊有担当。这两只选举用过的旧瓷碗是共产党人带领人民翻身做主人的见证，也是老一辈无产阶级革命家扎根群众、一生为民的梢林精神的写照。

撰稿人／马洁（陕甘边革命根据地照金纪念馆）

讲述人／陈思远（西北农林科技大学）

20　一双与众不同的草鞋

在中央红军长征出发纪念馆里，珍藏着一双与众不同的草鞋。这双草鞋编得细密、周正，不但有鞋底，还编出了鞋帮，编鞋子用的不是粗粝的稻草，而是柔软细密的黄麻，黄麻里还细心地捻上了布条……草鞋的鞋尖上绑着小绣球，这两个小绣球是草鞋的主人谢志坚系上去的。

谢志坚是于都县岭背镇燕溪村人，他14岁那年，家乡来了红军，他当过儿童团团长，当过侦察员。1934年10月，中央红军离开于都的时候，谢志坚担任红一军团二师政委刘亚楼的警卫员。出发那天，于都河岸聚集了很多父老乡亲为红军送行，有送鸡蛋的，有送花生的，还有送草鞋和鞋垫的……

当时，有个叫春秀的姑娘也在送行的队伍中，她是谢志坚的恋人。穿过拥挤的人群，春秀一眼看到了谢志坚，她三步并作两步来到谢志坚身边，一把抱住他的胳膊，眼泪止不住地流。春秀给谢志坚带了香喷喷的茶叶蛋、金黄金黄的米果，还有一双黄麻编的草鞋。这双草鞋，是前一天晚上她连夜编织的。谢志坚紧紧攥着春秀的手说："别哭，红军会回来的，我也会回来的，你放心地等待红军的好消息吧，我们很快就会打败反动派。”听了谢志坚的话，春秀一边擦眼泪一边点头说：“我会等。”

谢志坚带着这双特殊的草鞋，带着春秀的深深情意告别了家乡，踏上了战斗征程。在长征路上，谢志坚非常爱惜这双草鞋，只穿过两次：一次是部队过金沙江，当地老百姓用船送红军过江时，谢志坚想起了家乡人送红军过于都河的情景，想起了春秀送草鞋的情景，他便穿上春秀送的草鞋，渡过了金沙江；还有一次是强渡大渡河时，由于战斗激烈，随时都有牺牲的可能，谢志坚心想，死也不能与春秀的草鞋分开，于是他又一次穿上了这双草鞋。

山盟海誓随着春秀编织的那双草鞋激荡着赵志坚，一路征战。一个接一个硬仗，这双草鞋陪伴谢志坚一次次闯了过来。中华人民共和国成立后，谢志坚带着草鞋回到于都寻找春秀，可那个说“我会等”的姑娘早已不在人世。原来，当年红军走后不久，春秀就被敌人杀害了。

20世纪80年代，谢志坚给草鞋绑上一对红心绣球，万分不舍地将其捐赠给中央红军长征出发地纪念馆。从此，纪念馆又多了一位常客。那双绣球草鞋，是谢志坚永远的惦念，也是无数红军将士爱情的缩影。

撰稿人/钟敏　胡晓琼　刘志明
（中央红军长征出发地纪念馆）
讲述人/王鹏（中央音乐学院）

21　一盏温暖人心的马灯

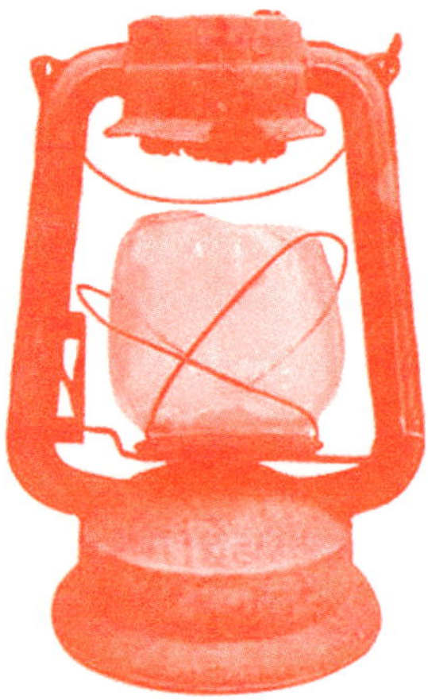

在中央红军长征出发地纪念馆里，陈列着一盏马灯。它虽然锈迹斑斑，但却记载着87年前一位名叫钟招子的母亲等待8个参加长征的儿子归来的故事。

1934年10月，第五次反“围剿”失利后，中央红军被迫实施战略转移。根据中革军委命令，由中革军委、红军总部等机关组成的第一野战纵队和由中共中央、中央政府等机关组成的第二野战纵队，以及中央红军主力5个军团，于10月上、中旬分别从瑞金、兴国、宁都、石城等地，陆续进抵于都地域集结休整，进行兵员、武器弹药、粮款的补充，准备战略转移。10月17日傍晚至20日傍晚，中央第一、第二野战纵队和中央红军主力5个军团共8.6万余人，先后从于都的8个主要渡口渡过于都河，开始了著名的二万五千里长征。

于都县银坑镇窖前村钟招子有10个儿子，其中8个儿子当了红军。就在那年10月，他们同时从家乡于都出发，参加长征，只留下年幼的曾林梅、曾林桃与母亲相依为命。送别时，钟招子对儿子们说："一定要打胜仗，妈等你们回来。"

丈夫早逝，钟招子独自挑起家庭的重担。她白天下地干农活，晚上回家做家务。深夜，她就坐到老屋门前，点起一盏马灯，等待儿子们回家。等啊等啊，眼泪流干了，青丝变白发，也没有等来儿子们的身影。

后来，钟招子把眼睛哭瞎了，但她依然每天点亮马灯，坐在石阶上等待儿子回家。她想用微弱的灯光，照亮儿子回家的路，也让他们看清妈妈的模样。"我眼睛看不见了，但马灯不能灭，要让儿子看清回家的路。"

1949年，人民解放军进驻于都。钟招子守候在队伍的必经之路上，一次次询问，一次次失望，整整三天三夜。她心里明白：儿子们已凶多吉少。

后来，她和两个儿子一起，在村后竹篙岭的大树下，修了一座空坟冢。每逢清明节，她都会带领全家人前来插香祭奠。如今，祭奠形式和地点没有变，只是在原来的坟边又多了一座坟——伟大母亲钟招子的坟。1960年，她带着深深的遗憾离开人世。弥留之际，她嘴里反复念叨着："把我埋在儿子们身边……"

长征路上，不知道有多少母亲，为远行的儿女点亮一盏灯；也不知道有多少儿女，再也没有机会，见到灯光里的母亲。那些没有归来的儿女，用他们的鲜血铺就了通往胜利的道路。而灯光里的母亲，虽然没有等到儿女的归来，却等来了新中国的诞生、繁荣和富强。

撰稿人/钟敏　胡晓琼　刘志明

（中央红军长征出发地纪念馆）

讲述人/蔡雨（中国传媒大学）

22 成仿吾的党证

在延安革命纪念馆，陈列着一张长征路上唯一的大学教授——成仿吾的中国共产党党证。

这是1934年4月10日成仿吾在瑞金领到的党证。党证长10.2厘米、宽6.6厘米，竖开本，黑色铅字印刷。封面上方扇形排列着“全世界无产阶级联合起来”，封面中央端端正正地印着“中国共产党党证”七个繁体大字，上面盖有中国共产党中央委员会的印章，编号为第000608号。翻开党证，上面详细地填写着成仿吾的姓名、籍贯、年龄、职业、社会出身、入党年月。党费登记表逐页记录着1934年4月至1935年12月成仿吾逐月交纳党费的情况。这是成仿吾在长征期间自觉履行一名普通党员义务的真实记录。

成仿吾是我国现代著名的作家、教育家，1897年出生在湖南省新化县一个知识分子家庭，早年留学日本，在五四精神感召下，于1921年回国，毅然抛弃“科学救国”的观点，走上文艺革新的道路，与郭沫若等创办了“创造社”，用文学作品唤起民众、教育青年。1926年3月，成仿吾到当时的革命中心广州，任教于广东大学，同时兼任黄埔军校兵器处代处长，接触了毛泽东、周恩来、恽代英、刘少奇等许多共产党人，以及鲁迅等革命文化人士。大革命失败后，成仿吾经上海、日本，到欧洲继续深入学习马克思主义理论。1928年9月，成仿吾在巴黎加入中国共产党，主编中共柏林、巴黎支部机关刊物《赤光》，从此开始了他的职业革命生涯。

1931年9月，成仿吾回国后，于11月初到达鄂豫皖根据地，任中共鄂豫皖省委常委、宣传部长及省苏维埃文化委员会主席、教育委员会主任，后又兼任红安中心县委书记。1934年1月，成仿吾到瑞金参加中华苏维埃共和国第二次全国代表大会，被选为中央执行委员会委员。会后，成仿吾留在中央宣传部和中央党校工作。1934年10月，中央苏区第五次反“围剿”失败，中共中央决定进行战略转移。当时，久患疟疾初愈的成仿吾不顾身体虚弱，毫不犹豫地向组织提出跟随中央一起长征，他说：“我走，我跟部队走惯了，我能走。”很快，中央组织局批准了他的要求，把他编入了干部休养连，随中央军委纵队一道踏上了漫漫长征路。

如今，当我们再次翻开这本跟随成仿吾亲历了翻越老山界、攻破娄山关、勇夺泸定桥的小册子，一个坚定的共产主义战士的初心和信念便会跃然纸上。这张党证，不仅是成仿吾认真履行党员义务、按时交纳党费的见证，更是一个革命者坚定理想信念、为共产主义事业不懈奋斗的真实记录。

心有所信，方能行远。面向未来，走好新时代的长征路，我们更要自觉同革命前辈对照，不断淬炼灵魂、滋养初心、践行使命。

撰稿人 / 冯延宁（延安革命纪念馆）

讲述人 / 麻瑞雪（陕西师范大学）

23　湘江战役的泥石

有两颗沾满泥巴、带孔的石头，陈列在湘江战役新圩阻击战史实陈列馆内。在决定展出这组石头时，陈列馆内曾经发生过争执。负责展陈设计的一方认为，这组石头观感不好，不适宜展出。但是，陈列馆的负责人十分坚持，一定要原貌展出这组带泥巴和绳索的石头。他说："这是历史最真实的见证，它反映了当年红军在湘江经历的残酷。纪念馆的文物不是为了好看，而是为了教育、警示后人。"

时间回到1934年底，为保证中央军委纵队和红军主力顺利通过灌阳，强渡湘江，突破敌人第四道封锁线，红三军团红五师奉命在新圩布防，阻击来自灌阳县城方向的桂军，并将战地救护所设在灌阳县和睦村。由于当时战况紧急，来不及转移的100多名重伤病员落入了敌军手中。丧心病狂的敌人用棕绳捆住伤病员的手脚，把他们抬到酒海井边，并将他们身上绑上石头，一个个、活生生地扔进了井里。当时，有一位名叫刘来保的小战士在对面的山头上目睹了这悲惨的一幕。

2017年8月13日，灌阳县正式启动了酒海井红军烈士遗骸的打捞工作。由于地形复杂，勘探人员多次打捞未果。于是，他们改用抽水机抽水，待井底淤泥露出后，依靠人工和简易的机械设备，将井下淤泥慢慢运出井外。历时一个多月，打捞人员在井下一处回水湾发现多具疑似的红军遗骨，又挖出捆绑着棕绳的石头等物件。灌阳县请专家对遗骸进行了鉴定，大致可确定个体总数为20例，均为男性，年龄在15岁至25岁之间，身高在1.37米至1.63米之间，根据体质人类学研究的结果、老红军的回忆以及当地村民口述相传的资料，最终确定井内遗骸为牺牲的红军烈士。2017年9月，桂林市委、市政府在灌阳县举行了隆重的湘江战役新圩阻击战酒海井红军烈士遗骸安葬仪式。

2019年9月12日，新圩阻击战史实陈列馆正式开馆，酒海井底埋藏了80余年的石头等物件终于有机会展现在世人面前。这一组石头承载了红军的忠魂，见证了红军战士为民族独立、人民解放抛头颅洒热血的伟大精神。泥石无言，但它承载的革命精神却异常丰厚。作为新时代中国特色社会主义的建设者，我们一定要传承先辈遗志，永远做党的光荣传统的忠实传人。

撰稿人 / 王艳（中央党史和文献研究院）

余旭升（中共灌阳县委宣传部）

讲述人 / 范志辉（北京林业大学）

24　一口带有枪眼的行军锅

中央红军长征出发地纪念馆的展品中，一口锅格外显眼，吸引了不少参观者。锅是铜质的，圆形、敞口、平底，口沿处铸有两个铜环拉手。

“这是一口行军锅，还带有枪眼呢。”讲解员话音刚落，参观者个个睁大眼睛，好奇万分。接着，行军锅的故事把参观者带回到那段峥嵘岁月。

时间回溯到1935年元宵节后的一天。一大早，驻扎在于都县黄麟乡井塘村的中央分局负责人项英，拎着一口锅对房东钟伦扬说：“老钟，部队要奔赴新的战场了，我们这次行军要轻装上阵。这几天，给你们家添了不少麻烦，这口锅就当作红军的一份礼物送给你们了。”推让再三，钟伦扬最终收下了这口行军锅。

没想到红军走后不久，国民党军队气势汹汹地进了村，把全村的村民赶到晒谷场上集中训话，叫嚣着命令大家主动交出红军的伤病员和物品，否则一旦查出格杀勿论。

见村民们都不吭声，国民党兵决定挨家挨户进行搜查。为了不让这口行军锅落入敌手，钟伦扬偷溜回家，从灶台上取下还热着的锅，背上它就往屋后的大山跑。

“站住，站住，再跑就开枪了！”国民党兵发现有人往后山跑，举枪就朝钟伦扬开了一枪。只听“当”的一声，子弹打在锅上，钟伦扬应声倒地，国民党兵以为他被打死了，便没再追上来。幸运的是，子弹穿过锅并没有击中钟伦扬的要害，他只受了点轻伤。

国民党军撤离后，钟伦扬把这口带有枪眼的行军锅背回家，由于无法再使用，他便把这口锅珍藏起来留作纪念。直到中华人民共和国成立后，钟伦扬去世了，他的儿子钟正予将这口锅捐赠给了于都县博物馆。

为了一口红军使用过的行军锅，于都人民不惜牺牲自己的生命。当年周恩来总理曾说道：“于都人民真好，苏区人民真亲！”

撰稿人 / 钟敏　胡晓琼　刘志明

（中央红军长征出发地纪念馆）

讲述人 / 公冶锦龙（北京理工大学）

25　见证伟大转折的长方桌

贵州遵义红花岗区子尹路96号，一幢二层小楼临街而立，青瓦丹柱，灰砖白墙，古朴大方。门楼上的匾额“遵义会议会址”六个金色大字是1964年毛泽东亲笔题写的。

1935年1月15日至17日，中共中央政治局召开扩大会议，集中全力解决当时具有决定意义的军事和组织问题，即后来闻名中外的遵义会议。会址就在这幢中西合璧小楼的二层，27平方米的会议室至今依然维持原貌，会议室中央的一张黑漆长方桌令人印象深刻。

这张方桌正是当年召开会议时所使用的，桌子长200厘米，宽100厘米，高80厘米，土漆板栗色，四脚有方宝瓶式装饰，朴素而沉稳。桌面上斑驳的印记，仿佛记录了当年会议上激烈讨论的场景。会议开了整整三天，气氛紧张热烈，每天总是开到半夜才休会，阐述、争辩、批评、自我批评，斗争中两条路线是非分明。

会议选举毛泽东为中央政治局常委。三天里，中国共产党人第一次独立自主地运用马克思主义基本原理解决自己的路线、方针和政策问题。三天里，一个影响中国革命走向的具有历史性意义的重大决议形成，这就是《中央关于反对敌人五次“围剿”的总结的决议》，简称遵义会议决议。遵义会议结束了“左”倾教条主义错误在中央的统治，确立了毛泽东在中共中央和红军的领导地位。遵义会议在最危急关头挽救了党、挽救了红军、挽救了中国革命，是我党历史上一个生死攸关的转折点。

中华人民共和国成立后，拟筹建遵义会议纪念馆。1954年8月，在时任中央办公厅主任、遵义会议参会者杨尚昆的帮助下，初步确定了遵义会议是在原国民党黔军第二师师长柏辉章私邸召开的。会址初步确定后，紧接着组织人员调查了解柏家有关情况。柏辉章的表哥余大勋谈到，红军离开遵义后，他第一个进入柏家，发现二楼东侧小客厅原来摆放的长方形木桌仍在原处，四周还有一些木椅、木凳和一张藤躺椅，像开过会的样子。柏家奶妈及柏家帮工刘仲康等也说，红军走后他们回柏公馆时，楼上的长方形木桌等都在原处未动（即遵义会议会议室）。后来，柏家办了一所小学，木桌被抬到小学使用。解放初期，柏家办的小学停办，这张长方形木桌移交给了遵义朝阳小学使用。1955年，这张木桌由朝阳小学调拨遵义会议纪念馆收藏。1994年，这张长方形木桌经国家文物局专家组鉴定，确定为国家一级革命文物。经历了漫长岁月的洗礼，见证这段历史的长方桌，依然静静地端坐在那里，如同一位老者，向人们讲述着这段伟大的历史。

撰稿人/陈蓉（《党建》杂志社）

讲述人/杨世嘉（西南大学）

26　彰显拳拳初心的一纸布告

在陕甘边革命根据地照金纪念馆一楼展厅，展出了一张西北革命军事委员会布告，内容为："本军到地约法十章：一、不乱杀人；二、不整穷人；三、打倒款子；四、开仓分粮；五、平分土地；六、增加工资；七、优待士兵；八、买卖自由；九、焚毁契约；十、创苏维埃。"这张布告长49厘米，宽24厘米，文字楷体竖排书写，看上去庄重严肃。布告的落款是"中华苏维埃共和国五年四月"，也就是1935年4月。

这是一个特殊的时间节点，是西北地区"星星之火"已成燎原之势后的第一个春天。我们党的西北力量经历了数年的辗转斗争，从大革命失败的屠杀中挣脱出来，以顽强的毅力在白色恐怖的阴影中继续斗争。他们在照金薛家寨的炮火声中冲锋陷阵，在南梁、横山的枪林弹雨里浴血奋战，在荆棘丛生的曲径中寻找革命的道路，在万仞高峰上寻找红旗的支点，在滚烫炙热的土地上播撒革命的火种。终于，在1935年的春天，"陕北苏区"和"陕甘边苏区"连成一片，两支红色武装集结整编，形成了西北革命根据地和陕甘红军的集中统一领导。

这张诞生于西北革命根据地的布告虽然只有几十个字，内容却涉及了老百姓生活的重要方面，兼顾了工农商等不同群体的利益，它的主要价值体现在取信于民、刺激生产、革故鼎新。布告的风格真实反映了这支人民武装的工作作风，没有官气、不尚形式，用最真切、最接地气的语言把党的好政策传递给苏区百姓。

“约法十章”的政策一经发布，便迅速在老百姓之间口耳相传，受到了热烈称赞和拥护。布告把红军队伍“什么该干，什么不该干”说得一清二楚，划出了一条无形的纪律警戒线。它是当地工农红军最基础的纪律约束，是党在军队治理、社会治理的初步实践中拳拳初心的鲜明彰显。

这张布告弥足珍贵，但不独一无二。看到它，就不由得想起诞生于人民军队初创时期的“三大纪律八项注意”，想起中华人民共和国成立前毛泽东同志的题词：“军队向前进，生产长一寸，加强纪律性，革命无不胜。”可以说，正是在一次次与人民的约法和矢志兑现承诺中，中国共产党践行了初心，收获了民心。

撰稿人/田杨（陕甘边革命根据地照金纪念馆）

讲述人/郑翅（西安交通大学）

27　见证党的民族团结政策的珍贵旗帜

在中国人民革命军事博物馆，珍藏着一面“中国夷（彝）民红军沽鸡（果基）支队”队旗。它见证了一段彝海结盟的珍贵历史，记录了红军和彝族人民的深厚情谊，是党的民族团结政策的重要体现。

遵义会议后，红军在毛泽东的英明指挥下，巧渡金沙江，向着天险大渡河急速挺进。为了赶在敌人前头，红军决定从彝族同胞聚居的地方穿过。

1935年5月19日，中央红军派出以刘伯承为司令员、聂荣臻为政治委员、萧华为群众工作队长的先遣军。5月22日，萧华与红军总部工作团团长冯文彬一道，率领红一军团侦察连组成的工作团开路，进入大小凉山地区的彝族地区。

红军刚刚进入彝族地区的时候，气氛十分紧张，一部分群众害怕红军，躲了起来，另外一部分群众则躲在林子中朝着红军射箭，企图把红军赶走。

刘伯承、聂荣臻亲自对官兵进行动员，指出彝族群众不了解红军，必须以实际行动取得彝族群众的信任，无论如何不准向彝族群众开枪，谁开枪谁就违犯党的政策和红军纪律。

为了取得彝族群众的信任，红军先与当地彝族首领小叶丹的叔叔沟通联络，小叶丹的叔叔见红军军纪严明，便劝说小叶丹亲自与红军见面交谈。1935年5月22日下午，小叶丹与刘伯承在彝海附近见面。刚一见面，小叶丹就要磕头行礼，刘伯承赶忙将他扶起，以诚恳的态度重申红军来意，表示将来红军打败国民党反动派以后，一定帮助彝族人民消除一切外来的欺压，过上自己美好的生活。

经过会谈，小叶丹消除了对红军的误会和猜忌，双方越谈越投机，于是小叶丹当即向刘伯承提议，就在这彝海之畔歃血为盟，二人结为异姓兄弟。刘伯承欣然应允，二人按照彝族风俗庄重跪下，面前摆着两碗滴过鸡血的水碗。

刘伯承高高端起碗，大声发出誓言："上有天，下有地，我刘伯承与小叶丹今天在海子边结义为兄弟，如有反复，天诛地灭。"说罢，把鸡血水一饮而尽。小叶丹也端起碗起誓说："我小叶丹今日与刘司令员结为兄弟，如有三心二意，同此鸡一样死。"说罢，也一饮而尽。

当天晚上，刘伯承请小叶丹叔侄到红军宿营地大桥镇赴晚宴，请他们开怀畅饮。饭后，把一面写着"中国夷（彝）民红军沽鸡（果基）支队"的红旗赠给小叶丹，任命小叶丹为支队长，他的弟弟古基尔拉为副支队长，并当场写下任命状，还向他讲解了革命道理。

第二天，小叶丹亲自带路，引导红军进入彝族地区，直到走出沽基家支地盘，才与刘伯承依依惜别。红军后续部队也沿着“彝海结盟”这条友谊之路，顺利地通过了敌人认为无法通过的彝区，迅速强渡大渡河，跳出国民党军的包围圈。

红军走后，小叶丹打起了“中国夷民红军沽鸡支队”这面旗帜，牢记刘伯承“汉彝一家亲，团结打败国民党反动派”的话语，与国民党军队展开了长达数年的游击战，给予国民党反动派沉重打击。

1950年5月21日，西康省解放后，小叶丹的妻子遵照丈夫的遗嘱，把队旗献给政府。后来，这面见证红军长征历史、见证党的民族团结政策的珍贵旗帜，被中国人民革命军事博物馆永久珍藏。

撰稿人/吕春阳（中央党史和文献研究院）

讲述人/金星希（中央民族大学）

28　红军长征带到陕北的唯一一门山炮

中国人民革命军事博物馆馆藏档案中有关于“湘鄂川黔革命根据地红军缴获国民党的山炮”的记载，它是红军在1935年夏天缴获的，红二方面军长征时被带走，它也是红军长征带到陕北的唯一一门山炮。

这门名为“七生五过”的山炮，编号587，是由上海兵工厂1927年制造的。“生”在民国时期是“厘米”英文的音译，而“七生五过”就是7.5厘米口径的意思。红军在长征中如何缴获这门山炮，又如何将它带到陕北，它又如何走进军事博物馆，堪称一段传奇。

1935年2月初，国民党军集结11个师又4个旅约11万人的兵力，采取“分进合击、攻堵结合”的战法，对新创建的湘鄂川黔苏区进行大规模“围剿”，企图歼灭红二、红六军团。为扭转困局，中共湘鄂川黔省委和军委分会决定：暂时放弃苏区，立即北渡长江，转移至湖北创建新苏区。

国民党鄂军第五十八师派出第一七二旅截击，企图切断红军北移通道，红军抓住有利时机，在陈家河将该旅全歼。在增援途中的第五十八师师部及第一七四旅，回撤在桃子溪宿营。红军得知后，急行军发起突袭。担任突击的红军先头部队发现对面就是国民党军的炮兵营，战斗号令响起，红军发起勇猛冲击，打了敌人一个措手不及。此战，红军共歼敌一个师部和近两个旅，缴获枪2000余支（挺）、山炮两门。这就是“七生五过”山炮的来历。这两门山炮对于缺少重武器的红军来说，可谓如获至宝。两个月后，他们在忠堡战役中歼灭了国民党军第四十一师师部，活捉敌师长张振汉。张振汉受伤被俘后，以为必死无疑。但万万没有想到的是，红军不但没有杀他，反而对他进行了精心的医治和耐心的教育。在随后攻打湘西龙山城的战斗中，有处碉堡久攻不下，贺龙就叫来保定军校炮科毕业的张振汉。张振汉到场后，用这门炮和两发炮弹就炸飞了碉堡，立下大功。

1935年11月，为了保存和发展壮大有生力量，红二、红六军团决定实行战略转移，开始了长征。出发时，张振汉建议把山炮拆成零件带走。战士们将这门山炮拆成几部分，有的背炮管，有的背炮轮，这门炮在红二、六军团战士的肩头上，翻雪山、过草地，历尽千辛万苦，最终被红军战士背到了陕北。在以后的征战中，这门山炮屡显神威。

这门山炮不仅是红军战士们的掌中宝，更是贺龙元帅的心头肉。1959年，筹建中国人民革命军事博物馆时，时任筹备办公室主任的开国少将贾若瑜回忆，当他去贺龙同志家里汇报军博筹建工作和对文物的征集问题后，贺龙笑着说，红二方面军的历史文物，有件很重要的，是我们在长征中，红军战士用肩膀抬出的仿德国造的克虏伯山炮。这是红军三个方面军唯一保存下来的山炮，你们必须把它找到。贺龙元帅亲自督促查寻，最终在昆明军区某部的一个军械库存里找到了这门山炮，并将它交给军事博物馆收藏陈列。

2020年5月，贺龙元帅之女贺晓明又一次来到军博，每次来她都会特意看看这门炮。她说，看着它，便会想起父亲曾经说过的话：历史不能忘，我们有责任要把这些文物找到，把这些历史讲清楚，教育我们自己，还要教育后人。

撰稿人 / 于潇（中国人民革命军事博物馆）

讲述人 / 谢雨航（西安电子科技大学）

29 一根没有吃完的皮带

在国家博物馆《复兴之路》基本陈列里，一条只剩下一半的皮带格外引人注目。这条皮带黑中泛黄，比正常的皮带短了将近一半，皮带的边缘还有很多刀割的口子，显得破旧不堪。然而，在这条皮带背后，却有一个感人至深的故事。

1934年2月的一天，刚入伍的红军战士周广才和部队一起经历了一场激烈的战斗。在这次战斗中，周广才表现英勇，不仅打垮了前来"进剿"的国民党反动派军队，还缴获了敌人的一支汉阳造步枪和一根完好的皮带。

为了表彰周广才英勇作战的功绩，上级决定将这根皮带奖励给他。周广才十分珍视这根皮带，形影不离地带着它转战南北，经历了无数次战斗。

1936年7月初，红二方面军与红四方面军在四川甘孜地区胜利会师。随后，根据中共中央的指示，红二方面军和红四方面军一起北上，准备开赴抗日救亡的战场。周广才和战友们此时就在红四方面军的大部队里。

当大部队经过茫茫草地时，粮食出现了短缺。进入草地没几天，周广才所在班背的干粮就吃完了。这让大家犯了难，在这荒无人烟、一望无际的大草地里，一时间到哪里去找粮食呢?

就在这最困难的时刻，党组织号召大家动脑筋、想办法，千方百计寻找可以吃的东西，以渡过难关、继续前进。周广才和战友们积极响应号召，一边行军，一边到处寻找野菜、草根、树皮充饥。

可是到后来，连树皮、草根都已吃光，他们只好从自己身上搜罗可以用来充饥的东西。几位战士东翻西找，最后齐刷刷地把目光投向了自己束在腰间的皮带。

皮带材质十分坚韧，为了让它变得容易下咽一点，战士们用小刀将皮带削成一小段一小段，然后把皮带烧焦，放进水里煮。

煮了几个小时后，战士们打趣地说："差不多了，咱们来吃水煮牛肉吧！"说着，每人便从锅里各自捞起一小截皮带块，放进嘴里咯吱咯吱地嚼起来。皮带用水是煮不烂的，而且还带着一股焦煳味和臭味，但是为了能早日走出草地，大家还是用惊人的毅力将皮带块吞了下去。

一天，周广才班里的6名战士饥饿难耐，无奈之下，他们对年仅14岁的周广才说："轮到吃你的皮带了。"周广才听后不禁泪流满面。

这根皮带对周广才来说，意义特殊，他实在舍不得把它吃掉，可是面对缺粮的困境，为了挽救战友们的生命，他还是含泪把皮带交给了战友。当锅里还剩最后一截未被切断吃掉的皮带时，他哭着说："同志们，咱们留着它作个纪念吧。"怀着对革命胜利的无限渴望，最终战友们把这截皮带留了下来。

在不久之后的战斗中，周广才的6位战友相继牺牲，只有他跟随大部队到达了延安。为了纪念牺牲在长征路上的战友和这段艰苦卓绝的战斗岁月，周广才将这根皮带烙上"长征记"3个字，并用红绸布仔细包裹起来，一直珍藏着。

此后，这根没有吃完的皮带，一直陪伴着周广才，经历了硝烟弥漫的战争年代，见证了新中国的诞生。中华人民共和国成立后，他将这根皮带捐给了国家博物馆。如今，这根没有吃完的皮带，依旧在向我们讲述着那段艰苦卓绝的革命岁月……

撰稿人／吕春阳（中央党史和文献研究院）

讲述人／郭一颖（对外经济贸易大学）

30　见证红军会师的供桌

甘肃会宁，黄土高原之上的“红色坐标”。古城一角，会师楼静静伫立，俯瞰脚下这片浸润着长征精神的大地山川。

1936年9月，中共中央在讨论红军会师地点时，认为会宁是红二、四方面军北上必经之地，北依黄河，东南紧靠西兰公路，战略地位十分重要。周恩来向毛泽东建议“放在会宁为好”。毛泽东听后十分兴奋：“会宁，好地名，好地名啊！红军会师，中国安宁。”

1936年10月，红军三大主力一、二、四方面军冲破数十万国民党反动派军队的围追堵截，爬雪山、过草地，克服艰难险阻，在会宁和将台堡实现胜利会师。

在红军会宁会师旧址内，有一件国家一级革命文物——明代文庙大供桌。这张供桌高90厘米，长294厘米，宽94厘米。它见证了红军举行会宁会师联欢大会的热烈情景，也因此成为会宁红军长征胜利纪念馆的镇馆之宝。

1936年10月10日晚，会宁城内人头攒动，彩旗飘舞，县城成了红色的海洋，军民们敲锣打鼓，夹道欢迎远道而来的勇士。红军总司令部、总政治部和一、四方面军在会宁县城文庙大成殿举行了隆重的庆祝三军会师联欢会。

大成殿里用门板临时搭起的主席台上，摆放着这张大供桌，会场四周贴着“热烈庆祝红军三大主力胜利会师”“中国工农红军万岁”“中国共产党万岁”等标语。

主席台上就座的有朱德、徐向前、陈赓等红军将领。红一、四方面军团以上领导干部和各部队代表近200人在主席台前席地而坐，殿外还有数千名红军战士和群众参加了大会。

朱德总司令在这张供桌前宣读了中国共产党中央委员会、中华苏维埃中央政府、中央革命军事委员会发来的《中央为庆祝一、二、四方面军大会合通电》，向全军庄严宣告：“我们即刻就要进入一个新阶段了，这就是抗日民族革命战争的阶段，就是创造全国国防政府抗日联军与民主共和国的阶段。”并号召会师部队“更要团结一心，互相尊重，并肩作战，战胜我们共同的敌人”。一时间，台上台下的红军将士高呼：“中国工农红军万岁！红军大会师万岁！”欢呼声冲天而起，回荡在会场上空。

长征期间，有数万名红军将士在会宁境内战斗生活过20多天。据不完全统计，会宁县人民共筹集军需粮食500余万斤，救治红军伤病员近千人，有400多名青年参加红军。会宁人民倾其所有支援红军长征和大会师。红军三大主力会师、长征取得胜利，离不开红军与党中央的团结，离不开军队与老百姓之间的团结。

红军三大主力会师，标志着长征的胜利结束，推动了抗日民族统一战线的形成，是革命力量大团结的典范，是中国革命走向胜利的转折点。

撰稿人 / 陈蓉（《党建》杂志社）

讲述人 / 马加骏（北方民族大学）

31　赵一曼：一封迟到21年的家书

赵一曼，出生在四川省宜宾县一个封建地主家庭。五四运动爆发后，赵一曼很快就被马列主义所吸引，她如饥似渴地阅读《向导》《新青年》《妇女周报》等革命书刊。虽然守旧的家人趁赵一曼不在屋时，将书刊付之一炬，但仍不能阻拦她接受革命新思想、走上争取人民解放的道路。1926年夏天，21岁的赵一曼正式加入中国共产党。

1927年9月，赵一曼前往苏联莫斯科中山大学学习。在苏联，她和中共党员陈达邦结成革命伴侣。1928年，赵一曼回国，陆续在宜昌、南昌和上海等地秘密开展党的工作。此间，赵一曼生下一个男孩，取乳名“宁儿”。由于工作紧张，她将孩子寄养在汉口陈家。“九一八”事变后，党中央派遣大批优秀干部到东北从事抗日斗争，赵一曼也在其中。她先后任满洲总工会秘书、组织部长，中共滨江省珠河县中心县委特派员、铁北区委书记，领导工人进行罢工运动，组织青年农民反日游击队与敌人进行斗争。在此期间，她用题为《滨江述怀》的诗，抒发自己豪气干云的抗日理想："未惜头颅新故国，甘将热血沃中华。白山黑水除敌寇，笑看旌旗红似花。"

1935年11月间，担任东北抗日联军第三军一师二团政治委员的赵一曼，在掩护部队突围的过程中身负重伤。养伤时又被日军发现，经过殊死搏斗，最终昏倒被俘。日军用针扎、铁烙等残忍手段对赵一曼施以酷刑，希望逼其招供。严刑拷打没有使赵一曼屈服，反而激起了她的斗志，她严词痛斥了日军侵略罪行。由于赵一曼伤情严重，为套取情报的日军将她送进医院监护治疗。赵一曼在医院积极宣传抗日救国的道理，教育争取看护人员。1936年6月28日，她在医院看护帮助下逃出医院，但很快被追敌再度抓捕。

赵一曼受到的刑讯更加残酷，但她始终坚贞不屈。面对拥有钢铁意志的赵一曼，穷凶极恶的敌人没能得到任何秘密。1936年7月末，残忍的野兽发疯了，他们决定把赵一曼送回她战斗过的珠河县（今高志县）处死"示众"。8月2日，在押送车上，自知死亡迫近的赵一曼没有惊慌失措，向敌人展现了"为抗日斗争而死才是光荣"的革命气魄。在最后的时间里，她从押送人员处要了笔纸，希望给远方的儿子留下道别的话。"母亲因为坚决地做了反满抗日的斗争，今天已经到了牺牲的前夕了。""宁儿啊！赶快成人，来安慰你地下的母亲！我最亲爱的孩子啊！母亲不用千言万语来教育你，就用实行来教育你。在你长大成人之后，希望不要忘记你的母亲是为国而牺牲的！”

临刑前，赵一曼高唱《红旗歌》：“高高举起呀！血红旗帜，誓不战胜，终不放手！”“牢狱和断头台来就来你的，这就是我们的告别歌！”年仅31岁的赵一曼壮烈牺牲，她所写的革命家书，则在漂泊21年后，终于辗转到“宁儿”手中。如英雄赵一曼所盼，家人听到了她最后的红色嘱托。

撰稿人/王桢（中央党史和文献研究院）

讲述人/李欣锐（华东师范大学）

32 叶成焕的草鞋

这双陈列在八路军抗战史陈列馆里破旧不堪的草鞋，棉线质，长25厘米，谁也不知道它的主人穿着它经历了多少次残酷的战斗。它的主人就是八路军一二九师七七二团团长叶成焕。

叶成焕出生于河南省光山县一个贫苦农民家庭，1929年加入中国共产党，1930年参加红军。他凭着对革命的无限忠诚，刻苦学习，不断进取，由一名普通战士逐渐成长为一名出色的军事指挥员，是八路军一二九师刘伯承师长、邓小平政委麾下一名年轻有为的战将，也是陈赓旅长的得力助手。“攻如猛虎，守如泰山，百战百胜”，这是全师上下对叶成焕任团长的七七二团的高度赞誉，也体现了战士们对叶成焕的无比爱戴。

1938年春，抗日烽火燃遍太行，日军在遭受神头岭、响堂铺等战斗的打击后，穷凶极恶地纠集三万兵力分九路向太行山区进行围剿。日军所到之处，烧杀掳掠、无恶不作，滔天罪行令人发指。日军的凶残摧不垮抗日军民的意志，更激起八路军全体将士保卫太行、捍卫民族尊严的复仇火焰。

4月15日，侵入武乡的日军精锐部队一〇八师团，对县城残酷烧杀后，弃城沿浊漳河东窜，一二九师首长当即命令七七二团和七七一团沿浊漳河两岸山地实施平行追击。16日晨，武乡长乐滩附近的山路上车尘滚滚，人喊马嘶，全副武装的日军辎重部队正旁若无人地向东行进。看到敌人已基本进入包围圈，叶成焕果断下令开火，顷刻间，机枪、炮弹、手榴弹疾风暴雨般飞向敌群，战士们的喊杀声、刺刀碰撞声震天动地。战斗进行到下午5时，长乐山崖被炮火烧红了，长乐滩上尸横遍野，血流成河，敌人丢下的武器辎重堆积如山。

此时，日军的援兵突破八路军的防线，上级命令撤退。叶成焕接到命令后，一面指挥部队打扫战场，装运战利品，迅速撤离；一面站在山坡上观察敌人增援部队的情况。这时，突然敌人的一颗子弹击中了他的头部。

特务连的战士们抬着叶成焕急速向山下撤退，一路上血迹斑斑。他的神智时而清醒时而模糊。“哎，队伍，队伍呢？”这是他临终前留下的最后一句话。由于出血过多，叶成焕被抬到山西榆社郝壁村的第二天就牺牲了，年仅24岁。在为他整理遗物时，长乐村民兵董来旺看见叶团长还穿着一双破旧的草鞋，赶忙拿来一双布鞋，穿在了他的脚上，并将这双草鞋保存下来。

长乐村战斗的胜利，对粉碎日军“九路围攻”起到决定性作用。此战后，日军各路纷纷撤退，围攻随之瓦解。从此，八路军一二九师在太行山上站稳了脚跟。

1971年，武乡县委办公室副主任李彦南征集到了叶成焕牺牲时穿过的这双草鞋，原在武乡革命纪念馆陈展，1988年3月拨交八路军太行纪念馆。1999年5月经专家鉴定组鉴定，被评为国家一级文物。

血染的草鞋，经历了英雄的磨难，见证了英雄的风采，让我们时刻铭记那些为国捐躯的英勇将士，也让我们更加珍惜今天这来之不易的幸福生活。

撰稿人/八路军抗战史陈列馆

讲述人/王安棋（中央戏剧学院）

33　麻辫手榴弹显神威

手榴弹是一种能攻能防的小型手投弹，它体积小、重量轻，携带使用方便，既能杀伤有生目标，又能破坏坦克等装甲车辆，在战争中发挥着重要作用。在陕甘边革命根据地照金纪念馆里，陈列着一种特殊的手榴弹——麻辫手榴弹。20世纪30年代，对偏远落后的照金山区而言，制作手榴弹并非易事，在技术差、原料缺的艰苦条件下，照金的红军战士机智地发明了这种手榴弹。

如果说在照金根据地有什么秘密武器，麻辫手榴弹当数第一，因为它最初是照金特有的，更是土地革命战争时期全国首创的特色武器。麻辫手榴弹有几个突出特点：一是“出身”贫寒，它生产于薛家寨兵工厂的荒野山洞；二是身价不菲，它是用收缴地主的麻钱熔铸而成；三是凝聚智慧，它是照金军民自己研发制造的；四是用法特别，需要把它拴在麻绳上举过头顶抡数圈，再凭借惯性甩出去，类似于今天的链球运动项目；五是与众不同，它是落地才爆炸，而且威力巨大，令敌人闻风丧胆；六是贡献卓越，它在薛家寨保卫战中打得敌人鬼哭狼嚎、四处逃窜。

后期经过全面推广，麻辫手榴弹在中国革命战场上发挥了重要作用。在抗日战争全面爆发后的1938年，日军占领了河间县城且紧闭城门不出，由于我军没有重型武器，对其久攻不下，战斗陷入僵局。我军将领孟庆山司令员瞅准了麻辫手榴弹触地爆炸的特点，连夜请来花炮师傅进行反复试验，把花炮制作得和棒槌一样大，再在其尾部绑上3根稻草调节平衡，竟能够带起麻辫手榴弹飞入高空，水平飞行距离达300多米。同志们惊喜万分，把这种新武器命名为“起花炮”。

夜半时分，只听一声令下，四面八方的“起花炮”拖着长长的尾巴，划过漆黑的夜空呼啸着飞向城中纷纷爆炸，城里顿时一片火海，鬼子被炸得尸横满地，没被炸死的则打开城门夺路而逃。这次战斗我军大获全胜，打死打伤敌人500余名，还缴获了大批精良武器和重要物资，是我军一场典型的以智取胜的战斗。

今天，人民军队的武器装备不断精进，练兵备战呈现出崭新气象。麻辫手榴弹和“起花炮”虽已成为文物，但其中折射出的党和人民军队的伟大创造精神和顽强斗争意志，必将在强军兴军的伟大征程上代代相传。

撰稿人 / 宋建斌（陕甘边革命根据地照金纪念馆）

讲述人 / 叶润泽（长安大学）

34　一部启迪后人的经典之作

在延安革命纪念馆，陈列着一部看似普通却绝不简单的经典著作。它纸面粗糙，微微泛黄，却字字珠玑，句句经典，习近平总书记称它为“保持共产党员先进性的教科书”。虽然它只有四万多字，但却先后印刷数十次，发行量数以千万计。这就是刘少奇同志所写的《论共产党员的修养》。

1937年全民族抗战爆发后，大批不愿做亡国奴的爱国青年从全国各地奔赴延安，寻求抗日救国真理。因适应形势变化和抗战的需要，大批优秀分子和进步青年纷纷加入中国共产党。这时，如何引导新党员树立正确的人生观、世界观，保持党的纯洁性，促进党的队伍健康成长，成为中国共产党面临的极其重要的任务。在这样的背景下，1938年底，刘少奇在河南渑池一间简陋的砖瓦房里写下了《共产党员的修养》演讲提纲和部分初稿，后来，经多次的修改，最终成为《论共产党员的修养》。

《论共产党员的修养》共讲述了九个方面的内容，它第一次系统阐述了共产党员的党性锻炼和修养的问题，明确指出共产党员为什么要进行修养、什么是修养、如何进行修养以及修养的标准，特别强调了：“一个共产党员，在任何情况下，能够不能够把自己个人的利益绝对地无条件地服从党的利益，是考验这个党员是否忠于党、忠于革命和共产主义事业的标准。”

无论是在革命战争年代，还是在社会主义建设时期，这本书都发挥着巨大的作用，指引着无数共产党员成长，也叩问着每一位共产党员的灵魂。在狼牙山五壮士的遗物中，人们发现了《论共产党员的修养》，在党的利益和个人生命之间，五壮士毅然选择跳下悬崖；在渣滓洞冰冷阴暗潮湿的牢狱中，满身伤痕、坚贞不屈的江姐背诵和默写下《论共产党员的修养》，带领难友们一遍遍学习，用29岁的生命践行了“党员个人利益无条件地服从党的利益”的誓言；在雷锋的驾驶室里，人们看到了《论共产党员的修养》，这本书激励着雷锋舍己为公、无私奉献、全心全意为人民服务；在焦裕禄的病床上，人们也看到了《论共产党员的修养》，人民的好公仆焦裕禄以这本书为行为准则，为了党和人民的事业鞠躬尽瘁、死而后已。

80多年来，这本书一直是推动我党自身建设最有影响的著作之一，一代代中国共产党人，正是从这本书中汲取智慧和力量，淬炼自己的思想和灵魂，在不同历史时期，为党的事业奉献着自己的生命和力量。今天，它依然是共产党人前行的指路明灯，指引着我们为实现中华民族伟大复兴的中国梦砥砺前行。

撰稿人／张艳（延安革命纪念馆）

讲述人／杨淑晗（延安大学）

35 “日本八路”的军号

在八路军太行纪念馆，收藏着一把特殊的军号，说它特殊并不在其外形，而是因为这是由一位“日本八路”捐赠的。2005年8月，这位“日本八路”专程来到山西，将它郑重地捐赠给了八路军太行纪念馆。

这位“日本八路”名叫前田光繁，出身于日本京都的一个小手工业家庭。17岁时，他入伍当了一名海军，后因体弱多病而提前退役。1937年，他只身赴沈阳，进入为日本侵略中国东北服务的特殊机关——满铁公司工作。次年春天，他被派往河北邢台一个名叫“双庙”的小车站工作。一天清晨，尚在梦中的他被八路军俘虏，随后被送往八路军一二九师师部。因该师敌工科科长曾留学日本，能说一口流利的日语，便被安排与前田光繁住在一起。在日常相处中，科长常常给他讲日军对中国百姓的残害，讲日本人民也是战争的受害者，讲中国共产党的追求，讲八路军的“三大纪律八项注意”……为了使他免遭日军迫害，师部还为他改名作杉本一夫。在此后的日子里，杉本一夫通过耳听眼观，意识到“八路军是一座学校，由朴实的、俭朴的、意志坚强的人们构成”。

在敌工科长等人的教育下，杉本一夫了解到日本侵略者给中国人民带来的深重灾难，认清了日本帝国主义的本质，从此决心从事反战工作。1939年1月2日，八路军总部在驻地举行军民迎新联欢会，杉本一夫与另外两名日俘一起宣布自愿加入八路军。同年11月，他又与7名经过改造的日籍八路军战士，发起成立了“日本士兵觉醒联盟”，成为八路军中第一个日本人反战团体。从此，他带着这把军号投入中国抗日正义战场，四方奔走进行战地宣传。

1940年，日军开始对华北地区进行疯狂“扫荡”。10月下旬，百团大战第三阶段关家垴战役打响，战斗十分激烈，而杉本一夫的任务是向日军喊话宣传。关家垴一战，八路军英勇作战，几乎全歼日军，这其中也有杉本一夫的一份功劳。

之后，杉本一夫辞别山西，来到延安，担任延安“日本工农学校”教师和政治工作人员。抗战胜利后，他又千里跋涉赶赴东北，帮助工作人员做日军及日本侨民的遣返工作。此外，他还帮助东北民主联军说服原日本航空教练队的教员、技师、飞行员加入新成立的东北航空学校，为培养中华人民共和国第一代飞行员作出了贡献。1958年，杉本一夫回到了阔别21年的日本。

2005年8月，杉本一夫专程来到山西，为纪念馆捐赠了他珍藏65年的军号，并重回住过的老乡家中看望。在老乡家，他深情地说，我喝过武乡的水窖水，尝过武乡的苦苦菜，住过武乡的土窑洞，和武乡老百姓有着鱼水深情、战斗情谊，武乡就是我的第二故乡。

撰稿人 / 八路军太行纪念馆

讲述人 / 卢思佳（中国人民公安大学）

36 抒写国际主义精神的打字机

这是一部“ROYAL”牌手动式英文打字机。2015年10月，习近平主席访问英国时提到：“一个中文名叫作何克的英国记者，积极投身中国人民抗日战争，不仅撰文揭露日本侵略者暴行，还担任陕西双石铺培黎学校校长。”这部打字机就是何克采访报道华北敌后抗日军民的战斗生活时使用的。

1937年，乔治·何克（George Hogg）从英国牛津大学毕业，决定环球旅行。1938年，他来到中国，先后赴上海、武汉等地考察，在史沫特莱和八路军驻武汉办事处的安排下，何克于当年6月底到达延安。

在延安，何克看到中国共产党像磁石一样吸引着广大民众投奔到抗日的队伍中来。他参观了抗日军政大学、陕北公学和延安艺术学院，这里没有特权，教员、政府官员、军队首长和学生们一样过着艰苦的生活，但是他们信心十足，干劲十足。何克挥笔写道，“我现在处在红色中国的心脏里”，延安是“抗日运动在全国最强有力的中心”。

一周之后，何克离开延安，越过封锁线，到达晋察冀抗日根据地。在河北曲阳一带，应晋察冀军区司令员聂荣臻邀请，他访问了游击区司令部，随后在聂荣臻的安排下走访前线，了解抗日游击战场，目睹了八路军与日本侵略者的战斗。在八路军总部，他受到了朱德总司令的亲切接见。这时的何克，已经比较熟练地掌握了汉语，因而对根据地人民的斗争和生活有了更加真切的了解。他认为抗日根据地是他“生活过的最美好的地方，是牛津大学也比不上的”，八路军“是世界上最好的军队”。

1939年秋，何克采访了晋察冀军区和武乡砖壁八路军总部。这部打字机就是他在八路军砖壁总部工作期间使用的。他用这部打字机写下了许多战时报道，向全世界宣传了八路军英勇顽强抗战的事实。在此期间，他还专门赴武乡土河村采访了朱德总司令主持召开的榆（社）武（乡）士绅大会。

之后，何克来到陕西宝鸡，投身中国工业合作运动，以实际行动支持中国的抗战事业。1941年春，他被任命为双石铺培黎学校校长。1945年7月，何克在甘肃山丹地区因病去世，时年30岁。

1974年，在重新修复八路军总部砖壁村旧址时，人们从院里地下挖出了一部机器。曾在砖壁战斗生活过的总部作战科科长王政柱确认说：“这是1939年8月至1940年11月在总部工作过的英国记者何克先生用过的外文打字机。当时因总部撤退时带不了那么多东西，又怕在撤退途中发生意外，所以就埋在了总部院里。”

这部打字机现展陈于八路军太行纪念馆八路军抗战史陈列馆第五展厅，它是国际友人宣传报道中国军民抗战的象征，代表着崇高的国际主义精神。

撰稿人 / 八路军太行纪念馆

讲述人 / 相艺（北京交通大学）

37　永不停止战斗的铸字机

在八路军太行纪念馆的展厅里，有一件珍贵的国家一级文物——华北《新华日报》印刷厂使用过的铸字机。铸字机为铁质，长50厘米，宽44厘米，高57.5厘米，由炉口、炉腔、传动杆等部分组成。这台铸字机见证了抗日战争时期党的宣传阵地——《新华日报》华北版的光辉历史，见证了社长何云带领广大新闻战士与敌斗争的峥嵘岁月。

《新华日报》华北版于1939年元旦在山西沁县后沟村创刊，是中共中央北方局的机关报，也是党在敌后创办的第一张铅印的大型日报，被誉为“华北敌后战旗”。当时，在日寇的重重封锁之下，物资十分匮乏。没有纸，何云就带领报社人员收集破布、烂鞋，用小毛驴推磨碾纸浆制成麻纸；没有油墨，就从山上砍来松枝，烧出油墨。为保证报纸的印刷，报社人员几经辗转，把这台铸字机从中共南方局背到了后沟村的报社印刷厂。

在极其艰苦的战斗环境中，何云带领报社人员一边打游击，一边出报纸。尽管炮火连天、转战频繁，这份日刊两万多字的报纸却始终坚持出版，从未中断，以铁的事实粉碎了敌寇汉奸的宣传攻势。

1940年8月，八路军在华北2500公里长的交通线上，发动了举世瞩目的百团大战。为了及时报道胜利的消息，何云带着部分记者，跟随彭德怀、左权和一二九师刘邓首长日夜战斗在火线上，即审即刻、即校即印，以最快的速度报道了战斗英雄奋不顾身、英勇杀敌的事迹，极大地鼓舞了军民的斗志、增强了必胜的信心。朱德总司令称赞道："一张《新华日报》顶一发炮弹，而且《新华日报》天天在作战，向敌军发射出千万发炮弹！"

《新华日报》华北版的发展壮大，引起了敌人的关注和恐慌。1942年5月，日军调集三万余兵力，企图摧毁八路军总部。摧毁《新华日报》华北版，也是日军的重要作战目标。社长何云率报社机关在转移途中，不顾个人安危，沉着冷静地将重要文件销毁，并将这台铸字机掩埋于武乡县大坪村的一处房屋下。危急时刻，他跟身边的报社人员说："不要把子弹打光了，留下最后两颗，一颗打我，一颗打你自己，我们决不当俘虏。"5月28日晨，何云在辽县（今左权县）大羊角村附近不幸被敌人的子弹击中腹部，献出了年仅37岁的生命。和他一同牺牲的，还有另外40多名报社人员。

"文章浩荡卫神州，血溅太行志亦酬！"何云和他的战友们倒下了，但《新华日报》华北版这个浸染着烈士鲜血的党的宣传阵地没有垮。正当敌人大吹“华北共产党最大的报纸被彻底粉碎”的时候，《新华日报》华北版于当年7月1日复刊。它继承着烈士的遗志，再一次吹响了华北人民抗战的号角！

撰稿人／八路军太行纪念馆

讲述人／李梦隆（北京邮电大学）

38　太行军号扬军威

在八路军抗战史陈列馆第四展厅摆放着一把军号，这是司号员崔振芳于1941年参加黄崖洞保卫战牺牲时留下的遗物。它长34厘米，高9.7厘米，呈喇叭花状，手柄弯曲为耳形。1998年，八路军太行纪念馆工作人员在武乡县左会村申会保家中征集到了这把军号，2002年6月，经山西省博物馆专家鉴定，被评为国家二级文物。

崔振芳是山西洪洞县人，从小家境贫寒。1937年，年仅13岁的他就参加了八路军，14岁被调到总部特务团司号班学习司号通讯技术，16岁加入了中国共产党。入党后在七连当司号员，当时七连就驻扎在黄崖洞。黄崖洞地处太行山脉，由于地形险要，易守难攻，八路军副总司令彭德怀、副参谋长左权等总部首长亲自勘察，选定在这里创建了兵工厂，每年生产的武器足够装备16个团，有力地支援了抗日前线。

1941年11月，日本侵略者为了摧毁这座兵工厂，纠集三十六师团5000余重兵向黄崖洞扑来，当敌人距八路军阵地100米左右时，司号员崔振芳吹响了军号，八路军战士凭借天险，打退了敌人一次次疯狂的进攻。

11月11日，天阴沉沉的，下着小雨，敌寇趁着漫山迷雾，又集中兵力，分三路向我军阵地发起了攻击。为了参加战斗，崔振芳一连写了五份决心书，首长才点头同意让他上前沿阵地。连长命令崔振芳和卫世华两位机智勇敢的小战士专门投掷手榴弹，重点把守南口。南口是山洞的出口，也是进入黄崖洞的唯一通道，如果把黄崖洞比作一个瓮，这里就是瓮口。沿着抬头只见一线天的曲折峡谷走到尽头，转弯处只见一边是深潭，一边是峭壁，顺着峭壁只有一条一步宽的靠山石梯，上下两段石梯中间的深沟用一个吊桥相连，可谓“一夫当关，万夫莫开”。

面对蜂拥而上的敌人，两名小战士毫无惧色，奋不顾身地英勇抗击，战斗中，卫世华的手臂不幸被敌人的机枪打断了，崔振芳马上把战友救护下去，阵地上只剩下了他一人。崔振芳孤身在陡崖上战斗了一天，居高临下，投出了24箱手榴弹。最后，所有的手榴弹都投光了，人也筋疲力尽。这时他听到了增援部队赶到的呼喊声，他使尽力气刚站直身体准备迎接战友，不料却被一块炮弹崩起的石块击中了喉咙，顿时血流如注……小号兵倒下了，与他相伴的只有那把心爱的军号。

冲上来的一班长王兴国，噙着泪水捡起这把军号揣在怀里，振臂高喊：“为崔振芳报仇，一定要把敌人消灭在阵地前！”愤怒的手榴弹带着战士们满腔的仇恨飞向了敌群，爆炸声伴着巨大的气浪，使整个山谷地动山摇。黄崖洞保卫战胜利了，这次战斗取得了敌我伤亡六比一的辉煌战绩。

我们现在看到的这把崔振芳烈士遗留下来的军号，虽然残缺不全，甚至有的地方已经变形了，但它是战斗的号角，是胜利的号角！这把军号与遍布黄崖洞四周的明碉暗堡共同见证了太行英雄儿女们可歌可泣的铁血之战。那苍翠险峻、峭拔耸立的峰峦与红石屋顶、石块垒砌的兵工厂房，把黄崖洞保卫战这一气壮山河的史实，凝铸成了亘古不灭、令人景仰的革命丰碑，永远矗立在太行山上！

撰稿人／八路军抗战史陈列馆

讲述人／张书桢（中国消防救援学院）

39 “实事求是”的石刻记忆

在中共中央党校的校园里，陈放着一块刻有校训“实事求是”的花岗岩。我们党的最高学府与其校训的不解之缘，要从延安革命纪念馆馆藏的一幅石刻说起。

这幅石刻由四块二尺见方的题字组成，石刻长70.5厘米、宽63.5厘米、高15.5厘米，上面的字是毛泽东在延安时期，为中央党校大礼堂亲自书写的题词。

1943年，为了给学员创造更好的学习环境，活跃职工的精神文化生活，延安中央党校修建了一座占地1200平方米、可容纳千余人的大礼堂。即将竣工时，有人提议在礼堂正面挂个题词。大家想到文采书法俱佳的范文澜先生。范老苦思冥想，始终没有想到合适的语句，于是提议去请毛主席。

毛泽东欣然接受了党校同志的请求，立刻叫人拿来四张二尺见方的麻纸，秉笔沉思片刻，即饱蘸浓墨，挥毫题写，“实事求是”四个雄健洒脱的大字跃然纸上。大家齐声称赞毛主席对马列主义研究的精深和透彻，一下子就抓住了问题的实质。

题词拿回来后，学校找来能工巧匠，选了四块方正的石头，将麻纸铺在方石上，照笔画开凿。做成石刻后，“实事求是”四个字便嵌入礼堂正门上方，成为全党学习研究马列主义的座右铭。

“实事求是”是我们党的思想路线和思想作风的基本内容，是毛泽东对马克思主义中国化的一大贡献。从已出版的毛泽东著作中寻找“实事求是”一词，最早见于1938年10月14日毛泽东在六届六中全会上的报告：“共产党员应是实事求是的模范，又是具有远见卓识的模范。因为只有实事求是，才能完成确定的任务；只有远见卓识，才能不失前进的方向。”1940年1月，毛泽东在《新民主主义论》中指出：“科学的态度是‘实事求是’，‘自以为是’和‘好为人师’那样狂妄的态度是决不能解决问题的。”1941年5月19日，毛泽东在延安干部会议上作《改造我们的学习》的报告时，对实事求是作了经典阐述：“‘实事’就是客观存在着的一切事物，‘是’就是客观事物的内部联系，即规律性，‘求’就是我们去研究。”自此，实事求是成为党的会议和文件中经常提及的一个基本政治要求。

实事求是，凝结着辩证唯物主义和历史唯物主义的世界观、方法论，是毛泽东思想活的灵魂，是党带领人民锐意进取、奋斗拼搏，不断取得新的胜利的重要法宝。

1947年3月，中共中央离开延安，中央党校的同志为了避免石刻遭到破坏，便将石刻埋入地下。1954年，延安师范学校在原中央党校建校，从地下挖出了这四块石刻，并将其交给延安革命纪念馆保管。如今，这四块石刻静静矗立在延安革命纪念馆的展厅里，向络绎不绝的参观者们诉说着这段往事。

撰稿人／茆梅芳（延安革命纪念馆）

讲述人／龙锐（西北工业大学）

40 “毛泽东号”机车车牌

在辽沈战役纪念馆支前馆陈列着一块“毛泽东号”机车车牌，车牌为铜质，长76厘米，宽68厘米。参观的游客每每走到这里都会被吸引驻足，倾听它讲述“毛泽东号”机车的辉煌历史。

1946年4月28日，东北民主联军进驻哈尔滨后，广泛发动群众，积极发展生产，支援全国解放战争。随着战局的发展，铁路运输任务越来越重。但当时80%的机车被破坏，丢弃在铁路沿线，根本无法使用。针对运输任务重、机车少的情况，东北铁路局号召职工开展“死车复活”运动，把被破坏的机车拉回来修复重新使用。

1946年8月，哈尔滨机务段的工人们从哈尔滨以西63公里的肇东车站拉回一台1941年大连沙河口工厂生产的304号机车。机车外表光秃秃的，锅炉小零部件都被拆光了，但大的部件没有损坏，机务段领导决定先修复它。当时修车用的材料和工具都非常匮乏，为抢修机车，全段开展了献纳器材活动。工人们克服重重困难，到处寻找可用材料，经过27天的昼夜奋战，终于将304号机车修复了。在修复机车的过程中，工人们就想给修复的机车起个名字，他们说：“毛泽东是咱们的大救星，修好机车献给毛主席，就叫上领袖的名字吧！”1946年10月30日，经中共中央东北局正式批准，将修好的304号机车命名为“毛泽东号”。

解放战争期间，“毛泽东号”机车冒着枪林弹雨，为前线运送了大批部队和军需物资。为了保障前方的作战需求，该车机组人员制订了“不缺勤、少回家、团结互助完成任务”等小组公约，提出口号“宁叫机车等命令，不叫命令等机车”，多拉快跑，出色地完成了各项运输任务，被授予“保修良好，走行安全”奖旗，荣获“全国铁路机车旗帜”称号。

1949年3月，“毛泽东号”机车随解放军南下，落户北京局集团公司丰台机务段，作为全路货运机车安全走行的“排头兵”，被誉为“机车领袖”“火车头中的火车头”。2014年7月，“毛泽东号”机车结束长达68年牵引货运列车的历史，开始承担旅客列车牵引任务。

“毛泽东号”机车不仅为全国解放战争的胜利立下汗马功劳，而且为和平年代祖国的社会主义现代化建设作出了卓越贡献。一代代铁路人形成了“报效祖国，忠于职守，艰苦奋斗，永当先锋”的精神，以及“责任心+责任制+基本功=安全”的安全生产基本经验。

在“毛泽东号”诞生之初，曾流传着“解放军打到哪里，铁路修到哪里，‘毛泽东号’机车就开到哪里”这样一句响亮的口号。而今，“毛泽东号”一如既往冲锋在前，它的身影穿梭在神州大地，它的汽笛声响彻天际云端，它的精神铭刻在历史的沧海桑田间。

撰稿人/才永凤（辽沈战役纪念馆）

讲述人/王一帆（大连理工大学）

41　南开大学反饥饿反内战大字报

这张陈列于平津战役纪念馆的大字报是1947年南开大学“反饥饿、反内战”行动委员会制发的。它长52.5厘米、宽25厘米，内容为毛笔竖向书写的一首民谣，生动而直白地表达了“反饥饿、反内战”思想：

白天打，黑夜打，内战的地方愈来愈大；
大洋枪，不张眼，把你送到阎王殿；
阎王爷对你说，你是一个傻家伙；
因为你当兵，大炮有点心；
因为你缴粮，大炮才发狂；
好！咱们就不当兵，咱们就不缴粮；
有人来抓兵，有人来要粮，咱们就反抗，
你反抗，我反抗，
看他怎么再打仗！
看他怎么再打仗！

1947年，因国民党政府只顾发动内战，不断增加军费开支，致使国统区经济、政治、教育危机日益严重，人民生活十分困苦，特别是学生，因物价飞涨，出现吃不饱饭的情况。学生们提出了“反饥饿、反内战”口号，并举行了大规模的游行活动。5月20日，南京、天津的游行学生遭军警殴打，发生了震惊全国的“五二〇”血案。国民党的暴行更加激起了进步学生的愤怒，他们继续以罢课游行等行动同国民党反动派进行斗争。

运动中，天津南开大学的学生坚定地站在了斗争最前线。1947年四五月份的一天，就读于天津育德学院（今二十中学）的进步学生于文汉与五六名同学一起在南开大学参加会议。会后，发给每人一大卷大字报，要求他们到街上张贴。于文汉与同学们在路边的粮店购买了一点面粉，找了个铁筒，还在一家商店的炉子上打成糨糊，然后经一条小路到罗斯福路（今天津和平路）去张贴这些大字报。他们从中原公司（今百货大楼）向劝业场方向沿途张贴。到“四面钟”电车站附近时，发现有特务跟踪。于是他们暂停张贴大字报，决定分散撤离，并约定到天祥商场（位于劝业场旁边）后门汇合。于文汉乘电车到天祥商场后，只等到了沈大章同学，其他同学不知什么原因没有到达集合地点。二人继续在劝业场附近张贴，直到天黑。他们感觉不太安全，便商量着先回家，第二天接着贴。第二天，斗争形势更加严峻，学生纷纷罢课，街上巡逻军警很多，无法再去张贴。于文汉便将剩下的大字报放在家中。

后来，由于敌人要逮捕于文汉，他便在党组织的安排下逃到了解放区。直到1949年天津解放后，他才随进城干部入城。

回到家中，他意外地发现这张大字报竟赫然张贴在自家院门内侧。原来是因为于文汉的母亲不识字，把大字报当成普通废纸使用，而且他家比较偏僻，贴在门上也不容易被人发现。于文汉觉得这张大字报非常珍贵，能够保存下来实属不易，就小心翼翼地揭下来，一直珍藏着，并于1997年9月13日捐给平津战役纪念馆。

这张大字报是这场声势浩大、遍及全国的爱国学生运动的有力见证。

撰稿人/曹静（平津战役纪念馆）

讲述人/焦启龙（南开大学）

42 具有划时代意义的《中国土地法大纲》

西柏坡纪念馆展厅里陈列着一本《中国土地法大纲》，它长18厘米，宽11.5厘米。封面中间为书名《中国土地法大纲》，右上角印有“中共中央委员会公布”字样，左下角为“晋察冀中央局土地会议秘书处印”和“一九四七年十月十二日”，表明了辑印单位和时间。这本《中国土地法大纲》的诞生，与1947年党在西柏坡召开的全国土地会议密不可分。

中国革命的基本问题就是农民问题，毛泽东对此有着清醒的认识。1936年，毛泽东在会见美国作家埃德加·斯诺时指出：“谁赢得了农民，谁就会赢得中国，谁解决土地问题，谁就会赢得农民。”从土地革命战争时期的土地革命，到抗日战争时期的减租减息，再到解放战争时期的土地改革，我们党为解决农民土地问题进行了艰辛的探索。

历史的指针来到1947年。7月17日，全国土地会议在西柏坡村开幕，来自各解放区的100多名代表参会，9月13日闭幕，会议历时将近两个月。在战争时期，能集合各地这么多代表，以这么长时间讨论土地问题，在中国共产党的历史上是从来没有过的。

刘少奇在开幕式上讲了会议的目的和任务，强调土地问题是解放区一切问题的基本环节，并连续两天作了长篇报告，指出全国土地会议的中心议题是要彻底进行土地改革。会议由各解放区代表汇报土地改革的情况，总结交流经验，着重讨论了土改和整党两大问题，通过了《中国土地法大纲》，10月10日正式颁布实行。

《中国土地法大纲》是土地改革的纲领性文件，全文共有16条，明确规定："废除封建性及半封建性剥削的土地制度，实行耕者有其田的土地制度。"全国土地会议结束后，各解放区分别召开贯彻落实会议，并根据需要印发了《中国土地法大纲》，陈列在西柏坡纪念馆展厅里的这本《中国土地法大纲》就是晋察冀解放区印发的。随后，各解放区掀起了轰轰烈烈的土改运动。

土地制度改革，是中国几千年历史上一次翻天覆地的社会大变革，它从根本上废除了在中国大地上盘根错节的封建制度的根基，使广大农民翻身解放获得了土地，使中国共产党赢得了农民的衷心拥护。广大群众迸发出空前的热情，积极发展生产，踊跃参军参战，从人力、物力上极大地支援了解放战争，动摇了国民党反动统治的根基。

1950年，毛泽东曾指出："我们已经在北方约有一亿六千万人口的地区完成了土地改革，要肯定这个伟大的成绩。我们的解放战争，主要就是靠这一亿六千万人民打胜的。有了土地改革这个胜利，才有了打倒蒋介石的胜利。”

文物虽无声，历史却有回响。习近平总书记强调，历史充分证明，江山就是人民，人民就是江山，人心向背关系党的生死存亡。赢得人民信任，得到人民支持，党就能克服任何困难，就能够无往而不胜。

撰稿人 / 周艳芝（西柏坡纪念馆）

讲述人 / 姜丁歌（中国农业大学）

43 “击中要核”奖旗

在辽沈战役纪念馆陈列着一面奖旗——“击中要核”奖旗，质地为棉麻纤维，红底黄字，长103.5厘米，宽79厘米，上部残缺。它记载着辽沈战役辽西围歼战中东北野战军第三纵队七师二十一团三营建立的不朽功勋。

1948年10月，东北野战军在攻克锦州、和平解放长春后迅速挥师辽西，围歼廖耀湘的“西进兵团”。10月25日黄昏，东北野战军第三纵队到达北镇以东地区，当即命令七师二十一团三营必须在26日拂晓前到达黑山胡家窝棚地区，查明敌情、构筑工事，待主力部队到达后展开战斗。三营接到命令迅速向胡家窝棚疾进，在到达距胡家窝棚两公里的四间房以东地区时，得知胡家窝棚很可能是国民党军高级指挥机关所在地，他们当机立断，决定不惜一切代价袭击胡家窝棚，摧毁国民党军指挥机关。

26日拂晓，东北野战军第三纵队在黑山东北地区发起进攻。七师二十一团三营首先夺取胡家窝棚北山，接着又插到胡家窝棚东侧，攻占了国民党军重炮阵地，俘虏国民党军新六军副军长以下官兵100余人，拦截并击毁了“西进兵团”的电台指挥车，使国民党军电台的通讯信号彻底中断，廖耀湘不得不用明码联络指挥，为东北野战军迅速歼灭“西进兵团”创造了有利条件。随后，三营大胆穿插，先后攻取了胡家窝棚村西各高地，使国民党军指挥机关完全暴露，并一举攻占胡家窝棚，摧毁了“西进兵团”指挥部，使国民党军失去统一指挥，陷入混乱状态，溃不成军。东北野战军经过两天激战，全歼国民党军“西进兵团”十万余人，活捉兵团司令廖耀湘，取得了辽沈战役决定性胜利。

鉴于东北野战军第三纵队七师二十一团三营在辽西围歼战中的突出贡献，战后，他们被授予“击中要核”奖旗。如今，奖旗虽已残破，但党领导下的人民解放军不怕牺牲、敢打硬仗、敢于胜利、勇往直前的英雄气概和光辉历史将历久弥新。

撰稿人／才永凤（辽沈战役纪念馆）

讲述人／翁沁瑶（哈尔滨工业大学）

44 “仁义之师”锦旗

这面“仁义之师”锦旗，棉麻纤维材质，长108厘米，宽78厘米，旗面严重褪色，是东北野战军第四纵队在辽沈战役中攻克兴城入城后，坚决执行城市政策纪律而获得的。

1945年9月30日，中共中央发出《关于加强军队纪律坚决执行城市政策的指示》，制定城市接管工作纪律。这是中国共产党进行城市接管的一项重要准备工作，是中国共产党工作重心由农村转入城市的过程中，保持党艰苦奋斗的优良传统和作风、防止贪污腐败的一项重要措施。

1948年9月11日，东北野战军第四纵队南下北宁线，于29日解放兴城。入城的战士们牢记城市政策纪律，坚决遵守入城“八大守则”，保护人民的财产，做到空手入城，空手出城。直属队在入城后的第三天，奉命来到城西一个苹果园担任看管任务。10月正是苹果收获的季节，果园里每棵树上都结满了又大又红的苹果，果香诱人，但战士们一个都没去拿。他们将果园内掉落在地上的苹果全部捡起装在筐里，整齐地摆放在老乡家的窗户下。老乡们看到打扫得干干净净的果园和窗下筐里的苹果，心里格外激动。四纵队战士们“不吃老百姓一个苹果”、秋毫无犯的感人之举，受到老百姓们的高度赞誉，群众赠送该部“仁义之师”锦旗。东北野战军总部立即将这一事迹上报中央军委和毛泽东同志，并通报全军学习他们的事迹。

1956年，在党的八届二中全会上，毛泽东同志说，锦州那个地方出苹果，辽西战役的时候，正是秋天，老百姓家里有很多苹果，我们战士一个都不去拿……因为这是人民的苹果。“人民的苹果”成为解放军战士加强纪律性、保持艰苦奋斗本色的代名词，也折射出军爱民、民拥军、军民一家亲的鱼水情。

苹果虽小，却事关军队形象，影响着战场内外的人心向背。“不吃老百姓一个苹果”，映照出人民军队严明的纪律与扎实的作风，更照见党的优良传统。人民军队从胜利走向胜利，彰显了革命纪律的伟大力量。艰苦的战争岁月已经远去，人民军队“不吃老百姓一个苹果”树立的仁义之师、秋毫无犯的光辉形象和优良传统教育了一代又一代人。

如今，锦旗虽已褪色，但“不吃老百姓一个苹果”

的高尚精神依旧那样鲜红明亮。共产党人坚守原则底线的本色永不改变，把百姓利益摆在第一位、为人民谋幸福的初心永不改变。这是党性觉悟的考验，更是时代赋予我们的责任与使命。

撰稿人/才永凤（辽沈战役纪念馆）

讲述人/卞欣可（大连海事大学）

45　永不褪色的登城红旗

在辽沈战役纪念馆英烈馆有一面红色细布、长104厘米、宽86厘米的红旗。因旗面严重褪色，上下各有两个弹洞，所以格外引人注目。这面红旗是东北野战军第三纵队十九团一连在辽沈战役锦州攻坚战中插上锦州北城墙的第一面红旗。它记载了锦州攻坚战攻城部队永不磨灭的光荣历史。

1948年秋，东北野战军挥师南下北宁线，发起辽沈战役，以凌厉的攻势连克绥中、兴城、义县，25万大军直逼锦州。锦州是连接关内外的战略要地，国民党军十万余人在此据守。国民党东北“剿总”副总司令范汉杰吹嘘：锦州是打不破的铜墙铁壁。

1948年10月9日，东北野战军第三纵队十九团一连作为尖刀连，担任突破锦州城北城墙的任务。在战前的动员会上，团长郑重地将红旗交到尖刀连手上，并叮嘱一定要把它插上锦州城墙。

10月14日10时，万炮齐发，东北野战军向锦州发起总攻。尖刀连的勇士们在炮火的掩护下发起冲锋。旗手黄德福在排长李世贵的带领下，高举着战旗勇敢地冲在队伍的最前面。突然，一颗子弹划过他的身体，顿时血流如注。黄德福心想：无论怎样，也要保证手中的红旗不倒，要让锦州人民看到这面红旗。他忍着疼痛，飞快地向前奔跑，在战士们的掩护下迅速登上城墙，把红旗插上城墙。一颗颗炮弹打来，泥土和弹片飞溅。旗手黄德福高举红旗屹立如山。红旗不能倒下，这是胜利的象征、血染的希望、正义的呼唤。热血沸腾的战士们冲进去了，在红旗指引下实现了自己的誓言。东北野战军经过31个小时激战，取得歼敌十万、解放锦州的伟大胜利。

战后，东北野战军第三纵队十九团一连荣记两大功，荣获“锦州尖刀连”称号；黄德福被命名为“登城英雄”，代理副连长李世贵荣记两大功。这面红旗一直由李世贵保存。1957年7月捐赠给辽沈战役纪念馆。

今天，战争的硝烟已隐退到历史的深处，旗面的红色虽已褪去，但革命先辈们敢于担当、不怕牺牲、奋勇向前、誓夺胜利的精神永不褪色。这面登城红旗将永远在我们心中高高飘扬。

撰稿人／才永凤（辽沈战役纪念馆）

讲述人／杜新宇（大连民族大学）

46 地下党员麦璇琨绘制天津城防图时使用的绘图仪

平津战役纪念馆收藏有一套保存完好的德国进口绘图仪。这套绘图仪金属质地，包括大圆规、连接杆、专用特小改锥、孔规各一支，鸭嘴笔、小筒、小圆规各两支，共计10件，盛放于长22厘米、宽10厘米的黑色盒中。它的主人是中共地下党员麦璇琨——天津城防图的绘制者之一。正是这份城防图，为解放军攻打天津的战略战术安排提供了宝贵依据。

1948年6月，中共华北局城工部向天津地下党市政工委负责人王文源传达了设法搞到"天津城防图"的任务。接到任务后，他找到我党隐蔽在国民党天津工务局工程处的麦璇琨。麦璇琨1946年毕业于天津工商学院土木工程系，当时是"天津市城防构筑委员会工程委员会"第八段工程处工程员，即现场总监工。

要想绘制一张完整的城防图，当务之急就是拿到各工段的施工图纸。麦璇琨自己直接掌握第八段的图纸，为了搜集其他段的图纸，他利用开会、考察等机会积极与相关技术人员搞好关系，看到人家有多余的备份图纸就乘机保存；有的则借用参考的名义描绘后立即归还，再加上到施工现场实地勘察，逐步搜集到全部图纸。

随后，他便使用这套绘图仪进行绘制，先按照一张天津市区街道图将主要街道、铁路、河流等描在描图纸上，再将城防线按实际比例绘制在地图上，然后将大大小小的各类碉堡标注在城防线上，最后细致地将城防线工程的横断面图和不同类型碉堡的详细构造都绘制在图纸的空白处，就这样，一张《天津城防堡垒化防御体系图》完成了。

收到图纸后，王文源就必须解决如何将它送到解放区的问题。王文源找到隐蔽在天津市地政局工作的中共地下党员刘铁镈，二人一起来到天津市西北角大伙巷街的大众照相馆，找到由刘铁镈单线领导的以照相馆经理身份作掩护的中共地下党员康俊山，请他对图纸进行伪装处理。康俊山将图纸分成4块，各缩拍成为8英寸的照片，经化学处理消失表面图像后，裱糊在两张农村老年夫妇照片的后面。

康俊山的工作完成后，王文源又把照片送到在小刘庄以开自行车修理铺作掩护的中共地下交通员赵岩手中，要他立即送往解放区。赵岩提前想好了一套应付盘查的说辞。途中他巧妙躲过了土匪的抢劫，将照片顺利送到了华北局城工部天津负责人杨英的手中。

城防图为天津解放作出了巨大贡献。天津前线指挥部总指挥刘亚楼曾对此给予充分肯定：“应该说，天津是解放军和地下党共同打下来的，在天津战役开始前，我们拿到一张详细的敌人城防图，对各条街道在什么位置，敌人在哪儿，碉堡在哪儿，天津周围的情况等，了如指掌，这样仗就好打了，地下党对天津战役的贡献是很大的。”这套绘图仪就是这场隐蔽战线上没有硝烟的斗争的最好见证。

撰稿人 / 曹静（平津战役纪念馆）

讲述人 / 牛泓伟（中国人民警察大学）

47 见证人民币诞生的圆盘印码机

在西柏坡纪念馆展览大厅里，陈列着一台印刷第一套人民币的圆盘印码机。机身高120厘米，宽103厘米，基本材质为铁。它1899年生产于美国，1908年北京印钞厂建厂时，随同印制钞票的胶印机、凹印机等成套印钞设备从美国引进，用来印制钞票上的号码。

西柏坡时期，由于革命形势发展迅速，解放区面积不断扩大，急需发行统一的钞票，以便建立新的经济金融秩序。1947年3月至5月，华北财经会议在晋冀鲁豫中央局所在地邯郸冶陶正式召开。会议的主要任务就是讨论研究如何解决好战争所需要的财力供给问题，其中，成立华北财经办事处、筹备发行人民币被提到重要日程。1947年下半年，华北财经办事处在河北平山县夹峪村正式设立。1948年11月18日，华北人民政府政务会会议研究决定："发行统一货币，现已刻不容缓，立即成立中国人民银行，并任命南汉宸署理中国人民银行总经理。"

在筹建中国人民银行并发行人民币的过程中，最紧迫的工作就是人民币的设计和印制。当时，解放区的专业人才奇缺，筹备处多方搜寻，最后确定由晋察冀边区印刷局的王益久和沈乃镛负责设计。两人曾参加过晋察冀边区银行货币的设计印制工作，有丰富的设计经验。王益久负责设计第一套人民币票版正面图景，背面图景由沈乃镛设计。

很快，第一批人民币的票样设计出台，并送交中央审批。经中央批准的第一套人民币首批设计样稿有三种图案版别，即耕地图、火车站图和万寿山图。票版设计完了，紧接着就是人民币的印刷。为完成印制任务，筹备处千方百计利用一切可以利用的物质条件印制人民币。

经过紧张的筹备工作，1948年12月1日，中国人民银行在石家庄宣告正式成立，并首次发行人民币。由于革命形势发展很快，许多大城市相继解放，人民解放军在接管城市的同时需要尽快发行人民币，以利于建立新的经济秩序。因此中国人民银行对各地印刷厂发出指示，首要任务是集中全力恢复生产，做好人民币在新解放城市的印发工作。

1949年1月31日，北平和平解放。同日，军管人员接管中央印制厂北平厂（今北京印钞厂），立即发动职工日夜抢修安装散放在废铁堆中的机器，用军管人员带进城的人民币的原版为样本，利用现有设备全力开工印刷，很快便生产出了第一批人民币。经过不断的紧张印制，人民币不仅满足了北平的需求，还源源不断送到全国各个新解放地区，在解放全中国的关键时刻发挥了作用。这台圆盘印码机在这个过程中也发挥了巨大的作用，成为那段光辉历史的见证。后来，随着印钞技术的不断发展和改进，这台印码机逐步改为钞票印制过程中补码使用，一直到2001年才“光荣退役”。2003年初，这台机器被运到了西柏坡，成为引人瞩目的红色革命文物。如今，它静静躺在西柏坡的陈列大厅里，向全国各地的游客讲述着人民币背后的故事。

中国人民银行的成立和第一套人民币的诞生，预示着一个全新的中国将要诞生。这是中国人民在中国共产党领导下，经过几十年艰苦卓绝的革命斗争所取得的胜利成果。正如毛泽东在看到首批人民币票样时所说的：人民有了自己的武装，有了自己的政权，现在又有了自己的银行和货币，这才真正是人民当家做主！

撰稿人 / 周艳芝（西柏坡纪念馆）

讲述人 / 汪韫珂（西南财经大学）

48　一把令敌胆寒的铁锹

在淮海战役纪念馆里陈列着一把铁锹，这把看似普通的铁锹，却有着不同寻常的意义。它是华东野战军七纵二十师五十九团二连二排排长孔金胜在大王庄战斗中英勇杀敌的武器，系淮海战役纪念馆馆藏的国家二级文物。

淮海战役的双堆集战斗中，孔金胜所在的二排担任守备大王庄和尖谷堆之间突出部的任务。大王庄位于双堆集西南一里处，是黄维兵团司令部所在地的重要外围据点，守军是黄维兵团的第十八军三十三团。十八军是蒋介石的“五大主力”之一，三十三团是十八军的王牌团，被称作“老虎团”。

1948年12月9日，华东野战军五十九团攻占了大王庄。午夜12点，国民党军趁我立足未稳，集中了所有的榴弹炮、山炮、化学迫击炮，袭击大王庄前沿，不到一小时落弹千余发，阵地上顿时浓烟翻滚、火光冲天。步枪、机枪声由远而近，孔金胜判断，这是国民党军反扑的前兆。他跳出壕沟观察，发现通往营部的交通壕已被切断，五尺宽的壕沟里，敌人大约一个加强连的兵力反穿棉衣，沿壕沟向一、二连的结合部袭来，北面和东面的敌人也步步紧逼。孔金胜所在排三面受敌，和营部失去联系。

作为排长的孔金胜沉着应战，一面指挥四、六班集中火力打击，一面指挥五班从侧翼突袭，在国民党军接近我阵地20米处时，孔金胜一声令下，二排阵地枪声大作，一串串子弹射向敌人，顿时枪炮声、呐喊声响彻大王庄上空，经激战共歼敌300多名。

此后，争夺更加激烈。10日拂晓，遭到重创后的国民党军为夺回大王庄，在7辆坦克和大炮掩护下，集结了一个营的兵力进行反扑。孔金胜带领战士们利用断墙、壕沟进行顽强阻击。战斗中，孔金胜被手榴弹炸断左肩锁骨，左胸负伤，他顾不上包扎伤口，强忍伤痛坚持战斗。突然，一颗子弹擦伤了孔金胜的喉咙，鲜血直流，但他仍对战友们说："我是共产党员，党需要我的时候，流点血算什么？！"敌人一次次反扑，又一次次被击退。经反复争夺，孔金胜带领战士们虽然守住了阵地，但伤亡惨重，身边的战士所剩无几。他仍鼓励大家："只能前进，不能后退！哪怕就剩一个人，也要坚守阵地。"

弹药打完了，孔金胜便带领战士们上刺刀，与敌展开白刃战。战斗中，孔金胜多处负伤，肠子流了出来，但仍坚持战斗。面对蜂拥而至的敌人，孔金胜怒目圆睁，忍住剧痛，把肠子往肚子里一塞，迅速捡起一把挖战壕的铁锹，与敌人展开肉搏战，在敌群中猛烈砍杀。冲在前面的敌人应声倒地，孔金胜又迅速转身砍向第二个……就这样，他拼尽全力在敌群中前砍后劈、左右砍杀，一连砍倒5个敌人。最终，孔金胜因失血过多献出了宝贵的生命。二排和全连会师时，全排只剩一人。战后，上级党委命名二排为“孔精神排”，并授予孔金胜“特等功臣”光荣称号。

撰稿人/朱斐（淮海战役纪念馆）

讲述人/赵欣怡（南京农业大学）

49 “推出胜利”的小推车

在淮海战役纪念馆，一辆小推车特别引人注目，它是淮海战役中人民群众支援前线用过的小推车。陈毅同志曾经说道：“淮海战役的胜利，是人民群众用小车推出来的。”2017年12月13日，习近平总书记在参观淮海战役纪念馆时，也深有感触地说，淮海战役就是小推车推出来的胜利。我们要好好回报人民，让人民过上幸福美好的生活。

1948年10月31日，上级单位“出20辆车子支援淮海战役”的通知传来，山东省泗水县芦沟、土洞等14个偏僻山村的群众立即响应，他们纷纷报名要求参与支援前线。

临行前，部队干部勉励大家说：“同志们到前方去，家里的生产生活完全像对待军属一样，给大家照管好，假如在前方牺牲，家属按烈属优待。希望同志们安心支前，克服困难，完成任务，光荣立功！”说罢，支前群众中喊起了“支援解放军，解放全中国”“打到哪里，支援到哪里”等口号。

不久，最终入选的86名支前群众推着小车，载着粮食，向前线进发。一路上，他们跋山涉水，不畏艰难，还经受着超乎想象的过度疲劳考验。晚上休息时，由于宿营的村子太小，床位不够，绝大多数人只能露宿在街头。冬夜，狂风大作、沙土飞扬，大家伙儿拼命挨挤在一起，却仍然冷得无法入眠。

跨过三条冰河、翻过十数座大山、度过一个又一个严寒下的露宿之夜……一个月后，支前群众终于越过陇海铁路，到达前线。

然而，随着战争形势的发展，解放军行车速度加快，补给线也不断延长。为了保证部队的粮草供给，86名支前群众冒着生命危险，忍着严寒饥饿，跟随大部队日夜行进。经历多次空袭后，他们还总结出一套丰富的防卫经验：行进时候拉长线，敌机来时撒大片，找个掩体就卧倒，机智沉着保安全。

1949年1月初，鹅毛大雪漫天飞舞。根据战场保障需要，指挥部要求后方迅速筹集军粮运往前线，这支支前队伍再一次积极响应，并迅速行动起来，仅用3天时间就运粮11.2万斤。雪后的道路被太阳一晒、大车一轧，坑坑洼洼、泥泞难行，推车极其困难。车子不能推，大家伙儿便用手拉、用肩扛，他们说：“山高挡不住太阳，困难吓不倒好汉。我们能推就推，不能推就扛，困难再大，也要保证战士们吃上饭！”

1月10日，淮海战役胜利结束，泗水县86名支前群众载誉而归，而他们使用过的运粮独轮车则被命名为“功劳车”，后由淮海战役纪念馆收藏。

在整个淮海战役中，解放区发动群众总计543万人，他们使用小推车，克服千难万险，共向淮海战役前线运送粮食9.6亿斤，大大满足了战争的需要。一场历时66天的浴血奋战，一次世所罕见的大规模人民支前行动……淮海战役加速了解放战争的胜利进程，在中国革命战争史上写下了浓墨重彩的一笔，也让红色基因注入民族血脉，代代相传。

撰稿人/李晓莉（淮海战役纪念馆）

讲述人/吕东轩（江南大学）

50 一张奔向光明的“通行证”

西柏坡纪念馆收藏着一张特殊的“通行证”，它的特殊不仅在于它是解放战争时期，著名作家郁文哉先生携带全家离开国统区，奔赴西柏坡的历史见证，更在于它是在中国共产党领导保护下，无数进步人士从黑暗的国统区奔向光明的解放区的历史缩影。

“通行证”白色的纸张已经发黄，但字迹却依旧清晰。左上方贴着郁文哉先生的一张一寸大小的黑白照片，上面标题处写着：北平市第（2）区旅行证明书（旅）字第（833）号。铅印的公文格式，毛笔手书的相关内容，加上红色印章，证件上处处保留着历史的印迹。

1948年下半年，国民党在国统区加紧了对共产党员和进步人士的迫害。郁文哉当时担任《中苏文化》杂志的主编，他长期翻译苏联的进步文章和作品，还给中国共产党的《新华日报》撰写了大量文章。国民党反动派早已经盯上了他，将他列入黑名单，他随时可能被捕或遭到暗害。在这种形势下，中共地下党组织指示郁文哉及家人迅速从南京撤离，前往解放区。

为避开特务视线，郁文哉决定和妻子刘惠分开行动，郁文哉带着三岁的女儿郁蓓以遛弯为掩护，脱离特务视线离家赶赴上海。几天后，刘惠抱着不满一岁的小女儿郁蕾，以回娘家为掩护乘火车也来到上海。

全家人在上海会合后，匆匆乘飞机赶往北平。北平中共地下党城工部的石岚接应了郁文哉全家。为了保证郁文哉全家安全转移到解放区，石岚做了充分的准备工作：首先要准备通过封锁线的“通行证”，第二要开具到解放区的“身份证明信”，最后还要把大人孩子都化装成难民。

所谓“通行证”即“旅行证明书”，为了以假乱真，石岚巧妙地将郁文哉的名字改为虞家波，“郁”与“虞”同音，避免在敌人盘查叫到名字时紧张而露出破绽；因郁文哉有浓重的无锡口音，所以籍贯写成江苏常熟；旅行的理由为返家，而去江苏路经山东济南也是合乎实际的；一切细节都考虑周全了，最后再盖上那方石岚自制的红色大印，“通行证”就这样制作成了。为解放区开具的“身份证明信”既要让自己人看明白，又要巧妙隐藏，保证“身份证明信”的安全。经过慎重考虑，石岚最后决定用药水写在尿布上，处理后看不出写的字来，包在郁文哉小女儿的尿布外面。

准备完毕后，石岚将郁文哉一家从北平护送到天津。郁文哉一家因装扮得极像难民，“通行证”也没有被看出破绽，终于安全通过了敌人的封锁线。通过封锁线后，一家人紧张的心情逐渐放松下来。郁文哉雇了一辆带篷的毛驴车，绕山东，转河北，最后直奔石家庄，他们越走心里越亮堂。在石家庄的中央机关接待站，郁文哉将写在尿布上的“身份证明信”递交给工作人员，他们处理后得知了来者的身份，立刻热情地接待了郁文哉全家。在接待站停留两天后，他们被送往中共中央驻地西柏坡。

郁文哉和妻子刘惠都被分配到新华社工作，住在西柏坡附近的通家口村。郁文哉在编辑部做俄文编译工作，刘惠在新华社印刷厂做校对。北平和平解放后，全家随新华社进了北平。1949年10月1日，中华人民共和国成立了，郁文哉在给家人的一封信中写道：“中国翻了身，中国人民翻了身。我为参加这项翻身事业，国民党反动派捕了我三次，镣铐鞭笞都尝过，幸而未死，得见新的中国，今生乐事，无过于此了。”

撰稿人 / 周艳芝（西柏坡纪念馆）

讲述人 / 崔泽任（防灾科技学院）

51 “天书”：政协一届全体会议代表签名册

在中国国家博物馆《复兴之路》基本陈列中，陈列着一件被毛泽东称为“天书”的政协一届全体会议代表签名册。这本签名册长43厘米，宽32.5厘米，共82页，留下了644位代表的珍贵签名。封面上镌刻着政协会徽和林伯渠的题款。

随着解放战争的胜利发展，建立新中国的任务被提上日程。1948年4月30日，中共中央发布纪念五一劳动节口号，号召“各民主党派、各人民团体、各社会贤达迅速召开政治协商会议，讨论并实现召集人民代表大会，成立民主联合政府”。这一号召得到各民主党派和社会各界的热烈响应。爱国民主人士冲破重重险阻，从全国各地和海外赶赴解放区，积极参加召开新政治协商会议和建立新中国的筹备工作。

1949年6月15日至19日，新政协筹备会第一次全体会议在北平召开，选出21人组成筹备会常务委员会，负责办理日常工作。常委会推选毛泽东为主任，周恩来、李济深、沈钧儒、郭沫若、陈叔通为副主任，李维汉为秘书长（后因病由林伯渠代理）。常委会下设6个小组，其中，第一组负责拟定参加新政协的单位和代表名额。

当时对代表名单的商定极为慎重，需逐一研究、再三斟酌，工作量极大。经过筹备会多次开会座谈，反复协商，征求各方面意见，大会开幕前最终确定了代表名单。在此期间，毛泽东和周恩来十分重视，也常常参加讨论。当中央统战部把参加政协第一届全体会议的单位、代表人选和各项统计印制成一本厚厚的表册呈送中央后，毛泽东一边翻看，一边风趣地说“这是一本‘天书’。”

筹备会拟定的参加政协一届全体会议代表名单分为五类，由党派代表、区域代表、军队代表、团体代表和特别邀请人士组成，共662人，几乎包括了所有主张实行新民主主义的各民主党派、各人民团体、各地区、人民解放军、少数民族、海外华侨以及宗教界的代表人物。前四类共45个单位，有正式代表510人，候补代表77人。其中，14个党派代表包括中国共产党、中国国民党革命委员会、中国民主同盟等各民主党派和无党派民主人士等，165人；9个区域代表，116人；军队代表包括人民解放军的6个单位，71人；团体代表包括中华全国总工会、国内少数民族、国外华侨民主人士、宗教界民主人士等16个单位，235人。特邀代表包括孙中山夫人宋庆龄和各界知名人士、老解放区民主人士、起义的国民党军政人员、新疆代表团、战斗英雄劳动模范代表，共75人。

参会的全部代表中，共产党员约占44%，各民主党派代表约占30%，无党派代表约占26%，形成中国共产党与各民主党派、无党派民主人士以及社会各阶层人士团结合作、民主协商、共筹建国大计的政治局面。正如毛泽东在会议开幕时所说，“我们的会议是一个全国人民大团结的会议。”

1949年9月21日，中国人民政治协商会议第一届全体会议在北平中南海怀仁堂开幕，标志着中国的新型政党制度——中国共产党领导的多党合作和政治协商制度的确立。

1965年10月，政协全国委员会将此签名册拨交给中国革命博物馆（今中国国家博物馆）收藏。它记载了全体代表出席政协会议的情况，是老一辈革命家和各界民主人士聚会共商建国大计的珍贵见证，具有非常重要的史料价值和文物价值。

撰稿人 / 王立峰（中国国家博物馆）

讲述人 / 夏镜淞（南京大学）

52　开国大典上毛泽东升起的第一面国旗

“中华人民共和国中央人民政府今天成立了！”——这是1949年10月1日开国大典上，毛泽东主席在天安门城楼上向全世界发出的庄严宣告。随后，毛主席按下操纵国旗升降的电钮，军乐团演奏的代国歌《义勇军进行曲》响起，象征着新中国诞生的五星红旗在天安门广场冉冉升起。

毛泽东在开国大典上升起的第一面国旗，现今收藏在中国国家博物馆。这面国旗长4.6米，宽3.38米，旗面由五块红绸拼制而成，五颗星星由黄缎制成。为了这面国旗能够在开国大典上顺利升起，无数人默默付出、无私奉献……

1949年9月21日至30日，中国人民政治协商会议第一届全体会议在北京召开。会议确定，中华人民共和国的国旗为五星红旗，象征着中国革命人民大团结。为了保证全国国旗式样标准统一，大会主席团于9月28日公布了《国旗制法说明》。

9月29日，国营永茂实业公司接到北平市委指示，要求赶制一面符合规格要求的五星红旗，10月1日前送到开国典礼筹备处。这是毛主席将要在开国大典上亲手升起的国旗！时年29岁的公司业务科干部宋树信承担了这项光荣而艰巨的任务。

当时，北京的印染业无论是规模还是技术条件，都无法达到印制国旗的要求，如此大幅面的国旗只有采取手工缝制的方法才可完成。上级领导对这面国旗提出了详细的要求：红色旗面必须用红绸，黄色五角星必须用黄缎，并且要做两面，以供挑选。

宋树信跑了北京很多家店铺，都没有找到符合标准的红绸和黄缎。9月30日一大早，心急如焚的他来到大栅栏的瑞蚨祥。在值班的老师傅和几位伙计的共同努力下，终于找到几块红绸和唯一一卷三米多长、不到两尺宽的上好黄缎。由于红绸的幅宽不够，瑞蚨祥又请来工艺精湛的技术员把红绸布料缝接了起来。

随后，宋树信来到位于西单的新华缝纫社，把所有材料都交给一位女技工，开始按照《国旗制法说明》制作国旗。进行到一半时，发现那卷黄缎无论怎样左比右量，都需要至少拼接一个角才可缝制出最大的五角星来。宋树信急忙向公司汇报情况，经过层层请示，最终上级同意拼接方案：在大五星的一个角上接一个尖。

中华人民共和国成立前的最后一夜，在这间小小的新华缝纫社里，每个人都怀着崇高的使命感和责任感加班加点赶制国旗。终于在10月1日凌晨，两面大尺寸国旗被赶制出来。五角星的一角，若不细细察看，难以发觉缝接的痕迹。宋树信仔细包裹好崭新的五星红旗，送到位于天安门广场北面西侧的开国典礼筹备处。连日来，他悬着的一颗心终于放了下来。

开国大典上，伴随着隆隆的礼炮声，万众欢呼，全场沸腾，多少人仰望灿烂夺目的五星红旗，流下喜悦和激动的热泪！人们振臂高呼："中华人民共和国万岁！""毛主席万岁！"欢呼声像海潮，一浪高过一浪。毛主席走下天安门城楼的主席台，俯身在城楼的护墙边，挥手向群众致意，高呼："人民万岁！"此时，伟大领袖和人民群众的心紧紧交融在一起，留下中华人民共和国历史上光彩夺目、感人至深的一个瞬间！

撰稿人/胡安娜（中国国家博物馆）

讲述人/熊庚彤（中国社会科学院大学）

53　庆祝新中国诞生的礼炮

在中国国家博物馆《复兴之路》基本陈列中，展示着一门开国大典时使用过的礼炮。作为开国大典的重要见证物，它向观众默默地讲述着70多年前那令人难忘的时刻。

1949年8月，中共中央决定在即将举行的开国大典上鸣放礼炮。但当时正处在中华人民共和国成立前夕，解放战争的炮声还没有完全停息，百废待兴的工业还不能生产礼炮。

但在解放战争取得巨大胜利的鼓舞下，人们热情高涨，办法总比困难多。没有专用的礼炮，就用解放军缴获的九四式75毫米山炮代替。这种炮制造于日本昭和年间，全长3米多，高1米多，口径75毫米，结构轻便，弹药量小，发射时初速低、射程近、威力小。在开国大典上使用，既可保证发射效果，又可确保发射炮弹时周围环境及人员的安全。

8月中旬，华北军区司令员聂荣臻指示军区特种兵司令高存信从张家口等地调来108门老式山炮作为开国大典的礼炮，其中54门使用，54门备用。这些山炮大多是缴获的日本九四式75毫米山炮，还有一些是山西兵工厂仿制的三六式75毫米山炮。与此同时，还从解放军各炮兵部队挑选出军政素质良好的排、连、营级干部甚至战斗英雄做礼炮手。这些承担了光荣任务的礼炮手们斗志昂扬、信心百倍，为即将到来的辉煌时刻做好了充分准备。

为了确保从毛泽东主席按下升国旗的按钮到升旗完毕这两分零五秒内同步完成28响礼炮的鸣放，礼炮手们每天在酷暑中反复练习，汗如雨下，很多人磨破了双手。

按照原定计划，开国大典举行时，全部礼炮将在东三座门内一字排开，炮口对着墙发射。为确保发发打响，礼炮手们对每一发炮弹都进行了严格的排查和擦拭。参加典礼的一共有54门礼炮，要求齐鸣28响。

为何要用54门礼炮鸣放28响？54门礼炮，代表着参加中国人民政治协商会议的45个单位和9个方面的特邀人士，象征着中国共产党领导下中国人民的空前大团结。而28响，则代表着中国共产党成立以来领导中国人民英勇奋战的28年。

1949年10月1日下午3时，开国大典在天安门广场隆重举行，当毛泽东主席向全世界庄严宣告中华人民共和国中央人民政府成立时，54门礼炮带着中国人民的骄傲，齐鸣28响。每一响都凝聚了54门炮齐射的威力，又都像一门炮那样整齐。

这炮声像林中的响箭，将开国大典庄严、伟大、团结的气氛推向高潮；这炮声宣告了新中国的诞生；这炮声永远留在全体华夏儿女的美好记忆中！

撰稿人/胡安娜（中国国家博物馆）

讲述人/赵溪雨（北京体育大学）

54　中央人民政府印信、木牌

在中国国家博物馆“屹立东方——馆藏经典美术作品展”中陈列着一枚中华人民共和国中央人民政府印章，边长9厘米，印体厚2.5厘米，印柄长10.9厘米，上刻“中华人民共和国中央人民政府之印”；印章为方形，材质为铜质，印文为阳文、宋体，印章背面刻有阴文“印名”“时间”“序号”，分别为“中华人民共和国中央人民政府之印”“一九四九年十一月一日”“第一号”。印章整体造型庄重、大方、有气势。

中央人民政府印是国家主席或中央人民政府在颁发各种法令、命令、指示和行使其他权力时钤印公文的凭证信物，是国家最高权力的象征。1949年1月31日，北平宣告和平解放，召开政治协商会议和成立民主联合政府的条件已经成熟。6月15日，新政协筹备会在北平召开第一次全体会议，其中一项重要工作即为新中国铸造印信，筹备会常务委员会副主任周恩来表示，要邀请治印名家为中央人民政府及其所属和下属机构治印。此项工作交由筹备会常务副秘书长齐燕铭负责，他立即邀请国内治印名家张樾丞等商谈为新中国治印事宜。

张樾丞，河北新河人，擅长刻制铜印，京津地区的名人都以能拥有张氏刻印为荣。末代皇帝溥仪用的“宣统御笔”“宣统御览之宝”，国民政府中央银行发行纸币上的“中央银行总裁印鉴”等均出自张樾丞之手。接到任务后，张樾丞立即开始翻阅资料，几天后画出了秦篆、汉篆、隶书、宋体四种字体的印文，提交给8月19日在北京饭店举行的“政府印铸问题座谈会”。会议讨论了印信的样式、字体、质料、字文等问题，明确了印铸问题的各项内容。最终，筹备会常委会研究决定采用宋体印样。张樾丞得知后表示：“宋体字好哇，老百姓都能看得懂，容易认。共产党的心里果真是念着百姓的。”

在中央人民政府及其所属和下属机构法定名称确定后，1949年10月27日，齐燕铭将镌铸中央人民政府及所属（下属）各机构印信报告及铸印设计说明上报，得到批准后，首批印信交付刊铸。10月31日，中央人民政府印镌刻完成并上交。国印印文要求排列对称，最终确定为“中华人民共和国中央人民政府之印”，之所以加入“之”字为的是让印文分3排，每排5字对称地铺满印面，使得印章更加美观。

中央人民政府木牌，木质，高284厘米，宽69.5厘米，上书“中央人民政府”6个黑色大字。从1949年中央人民政府成立至1954年国务院成立的5年间，这块木牌悬挂于中南海新华门内的影壁上。

1954年9月，第一届全国人民代表大会召开，通过了第一部《中华人民共和国宪法》，规定国务院为最高国家权力的执行机关。至此，中央人民政府及其所属（下属）各行政机关印信光荣完成使命，全部上交至国务院。

之后，国务院秘书厅、中共中央统战部分别将中央人民政府印信、中央人民政府木牌拨交给中国革命博物馆（今中国国家博物馆）珍藏。

撰稿人 / 王春叶（中国国家博物馆）

讲述人 / 王泰元（上海海关学院）

55　毛岸英烈士的遗物

在韶山毛泽东同志纪念馆里，陈列着这样几件衣物，它们是开国领袖毛泽东秘密保存了26年之久的物品。这些衣物的主人，不是毛泽东，而是毛泽东的长子——毛岸英烈士。

1950年，朝鲜战争爆发，新婚不久的毛岸英主动报名参加了中国人民志愿军，当时很多人希望毛泽东加以劝阻，可毛泽东说："国家有难的时候，我不派自己的儿子去保卫祖国，我应该派谁家的儿子去呢？"明明知道上战场就会有流血牺牲，就要面对死亡，但为了刚刚站立起来的新中国不再任人欺凌，毛泽东还是毅然将他的长子送上了朝鲜的战场。

入朝后，毛岸英任中国人民志愿军司令部俄语翻译和秘书。1950年11月25日上午，美空军轰炸机突然飞临志愿军司令部上空，投下了几十枚凝固汽油弹。当时在作战室紧张工作的毛岸英壮烈牺牲，年仅28岁。看着岸英的遗骨，彭德怀总司令心如刀绞，因为他清楚地知道，在革命战争年代，毛泽东的妻子、弟弟、妹妹、侄子共5位至亲已经相继为革命献身，如今，57岁的毛泽东又永远失去了他这个寄托着爱与希望的长子。

1951年1月2日，周恩来总理将毛岸英牺牲的消息告诉了毛泽东。毛泽东是人民领袖，也是一位父亲。年近花甲、痛失爱子的毛泽东强忍丧子之痛，缓缓地说："打仗总是要死人的。中国人民志愿军已经献出了那么多指战员的生命，他们的牺牲是光荣的。岸英是一个普通战士，不要因为是我的儿子，就当成一件大事。"

当有人询问毛泽东，是否将岸英的遗体运回国内时，毛泽东坚定地说："青山处处埋忠骨，何须马革裹尸还。不是还有成千上万的志愿军战士安葬在异国他乡的土地上吗？"他拒绝了大家的这份好意，把丧子之痛深深地埋藏在了心里。

1959年，得知毛岸英的妻子刘思齐要去朝鲜给岸英扫墓时，毛泽东紧紧拉着儿媳的手说，思齐，你也是代我去给他扫墓的，我们去晚了……说到这里，毛泽东哽咽到再也说不出一句话……

1990年，中央警卫局在整理毛泽东的遗物时，意外地发现了一个小箱子，箱子里面是毛泽东珍藏的一直不被外人知晓的毛岸英的遗物：一顶帽子、一件衬衣、一双袜子和一条毛巾。从毛岸英牺牲到毛泽东去世，整整26年，毛泽东把儿子的这些遗物一直珍藏在身边。这期间他曾多次搬家，但身边的工作人员从来没有发现过这些衣物。

后人无法得知，夜深人静时，毛泽东是否也像那些痛失爱子的父亲一样，把儿子的衣物一件一件拿出来轻轻抚摸，那是一位父亲深沉地思念着儿子，却又不得不埋藏在心里的痛苦。当这些衣物呈现在我们面前时，我们能感受到中国人民的伟大领袖毛泽东对儿子的深邃父爱，对国家和人民的深沉大爱。

撰稿人/毛婉瑶（韶山毛泽东同志纪念馆）

讲述人/朱荣赫（华北电力大学）

56 《中国人民志愿军战歌》创作手稿

抗美援朝纪念馆战争厅的一面红墙上，有一个小小的壁龛，里面是一张泛黄的信笺纸，红色的竖线条内用蓝黑色墨水清晰地书写着“雄纠纠，气昂昂，跨过鸭绿江……”这就是周巍峙为《中国人民志愿军战歌》谱曲的手稿。在那个战火纷飞的年代，《中国人民志愿军战歌》激励着一批又一批志愿军将士奋勇杀敌，打退侵略者，取得了抗美援朝战争的伟大胜利。

1950年6月25日，朝鲜内战爆发，美国立即进行武装干涉，并将战火烧到鸭绿江边。户破则堂危，唇亡则齿寒，虽然此时的中华大地满目疮痍，百废待兴，但党中央毅然作出“抗美援朝、保家卫国”的重大战略决策，组成中国人民志愿军开赴朝鲜，同朝鲜军民共同抗击侵略者。

入朝作战前，志愿军各部队普遍召开了出国作战誓师大会，进行了广泛的政治动员，激发起部队官兵的强烈爱国热情，志愿军战士对美国侵略者的罪行义愤填膺，纷纷主动请战，写志愿书、保证书和要求打头阵当先锋的决心书。基层连队的各班、战斗小组和个人都制订了立功计划，许多人刺破手指，写血书以示杀敌报国的决心，部队的战斗情绪空前高涨。

1950年10月，志愿军炮兵第一师开到鸭绿江边的安东（今丹东市）集结待命，准备入朝作战。在战前动员会上，第二十六团五连的战士们群情振奋，斗志高昂，连指导员麻扶摇被战士们高昂的战斗热情所感动，抑制不住内心的激动，提笔写下了一首出征诗："雄赳赳，气昂昂，横渡鸭绿江。保和平，卫祖国，就是保家乡。中华的好儿女，齐心团结紧，抗美援朝鲜，打败美帝野心狼！"并在团、师的誓师大会上宣读。

1950年11月26日，新华社记者陈伯坚在他撰写的战地通讯《记中国人民志愿部队几位战士的谈话》中，引用了这首诗，并将"横渡鸭绿江"改为"跨过鸭绿江"，将"中华的好儿女"改为"中国好儿女"，发表在《人民日报》头版上。时任文化部艺术事业管理局副局长的周巍峙从报纸上看到了这首诗，被诗中的豪迈气概所感动，灵感迸发，仅用半个小时就谱好曲，将歌名定为《打败美帝野心狼》，发表在《人民日报》上。之后，周巍峙又对旋律和歌词作了改动，将"抗美援朝鲜"改为"抗美援朝"，将"打败美帝野心狼"改为"打败美国野心狼"，将歌名改为《中国人民志愿军战歌》，再次发表在《人民日报》上。

《中国人民志愿军战歌》发表后，迅速在国内和朝鲜战场广为传唱，极大鼓舞了全国军民的战斗热情。英雄的志愿军同朝鲜军民并肩作战，用一次次卓绝胜利，把侵略者从鸭绿江边赶回到三八线。这场反侵略的正义战争，是中华人民共和国的立国之战，是中国共产党百年奋斗史中独具特色的宝贵财富，为中华民族赢得了尊严和自信。

70多年过去了，《中国人民志愿军战歌》的旋律依然响彻大江南北，激励着一代又一代人奋勇拼搏。

撰稿人／姜晓杰（抗美援朝纪念馆）

讲述人／李明瑞（东北师范大学）

57　授予激战松骨峰英雄连队的锦旗

在抗美援朝纪念馆战争厅，陈列着一面“攻守兼备”锦旗。旗帜的左上方，用黄色和银色丝线绣着一枚熠熠闪光的金星，金星中间是一名握枪的志愿军战士，他正高高地扬起手臂，仿佛在发出胜利的召唤。这是由中国人民志愿军司令部、政治部授予志愿军在松骨峰战斗中立下赫赫战功的第三十八军一一二师三三五团一营三连的一面锦旗。

松骨峰战斗是抗美援朝战争中最壮烈的战斗之一，是“钢少气多”的我军战胜“钢多气少”的世界头号强敌的生动缩影。1950年11月30日，美军在第二次战役中遭到中国人民志愿军的围歼后仓皇向南逃窜，志愿军第三十八军一一二师三三五团奉命穿插到松骨峰，阻击南逃的美军，三连担任尖刀连。三连的战士们刚刚登上松骨峰阵地，败逃的敌人随即赶来，战斗就立即打响了。敌人以18辆坦克、32架飞机和几十门火炮，对松骨峰阵地进行了一轮又一轮猛烈的进攻，松骨峰阵地瞬间变成了一片火海，炮弹、炸弹炸出一个个弹坑，黄土变成了黑土，石头炸成了粉末。然而，战士们就在这烧红的阵地上，高喊着口号，一次次把敌人打退。排长牺牲了，班长主动代替；班长牺牲了，战士主动代替……最后，连炊事员和通信员也加入了战斗。战斗结束时，118名战士只有7人活了下来，但他们共打退了敌人的5次冲锋，毙伤500余人，阻击了在飞机、坦克、大炮掩护之下的美军部队，使之8个小时未能前进一步，为大部队歼敌赢得了宝贵的时间。

松骨峰战斗结束后，作家魏巍以三连的战斗故事为素材，写下了著名的战地通讯《谁是最可爱的人》，为志愿军战士赢得了“最可爱的人”的美誉。他在文章中这样写道：

战后，这个连的阵地上，枪支完全摔碎了，机枪零件扔得满山都是。烈士们的遗体，保留着各种各样的姿势，有抱住敌人腰的，有抱住敌人头的，有掐住敌人脖子把敌人摁倒在地上的，和敌人倒在一起，烧在一起……在掩埋烈士遗体的时候，由于他们两手扣着，把敌人抱得那样紧，分都分不开，以致把有些人的手指都掰断了……

为什么战旗美如画？英雄的鲜血染红了它。在2年零9个月的抗美援朝战争当中，像松骨峰阵地上这种闪耀着血性光辉的英雄和集体不胜枚举。从毅然抱起炸药包、与敌人同归于尽的杨根思，到用胸膛堵住枪眼、为战友冲锋开辟道路的黄继光，再到严守潜伏纪律、忍受烈火烧身直至壮烈牺牲的邱少云……志愿军将士抱着“不上英雄榜，便涂烈士墙”的必胜信念，以血性胆气激荡着战斗豪情，以钢铁意志磨砺着尖刀利刃，赢得了战争的胜利，也赢得了敌人的敬畏和尊重。

抗美援朝纪念馆建馆以后，第三十八军一一二师三三五团将这面珍贵的“攻守兼备”锦旗捐赠给纪念馆。在2019年庆祝中华人民共和国成立70周年的阅兵仪式上，这面旗帜与其他99面战旗组成了“百面战旗”方阵，光荣地接受了党和人民的检阅。

精神不灭，永续传承。2018年1月，习近平总书记视察中部战区陆军某师，在反映该师抗美援朝战争期间激战松骨峰情况的展板前，他感慨地说，这一仗打得很激烈，官兵战斗作风很顽强。我军历来是打精气神的，过去钢少气多，现在钢多了，气要更多，骨头要更硬。

撰稿人/陈魏魏（抗美援朝纪念馆）

讲述人/张珊珊（哈尔滨工业大学）

58　用在新中国第一条铁路上的钢轨

在重庆市大渡口区博物馆，陈列着两根钢轨，这是用于成渝铁路第一条钢轨的辅轨，见证了新中国第一条铁路的诞生。

修铁路、通火车，是川渝人民百年来的梦想。成渝铁路的修建计划由来已久。1903年，清政府提出修建由成都经重庆通往汉口的川汉铁路；1936年，中华民国政府成立成渝铁路工程局，次年开始修筑，因抗日战争爆发而停工。直到中华人民共和国成立前，成渝铁路仍未铺上一根钢轨，只有地图上的一条“虚线”。

中华人民共和国成立初期，百废待兴，在时任中共中央西南局书记邓小平的提议下，西南军政委员会作出的第一个重大决策就是修建成渝铁路。1950年春，中共中央、中央人民政府政务院批准西南军政委员会关于请求修建成渝铁路的报告，并提出“依靠群众，群策群力，就地取材，修好铁路”的方针。在全国经济十分困难的情况下，中共中央书记处批准“先拨2亿斤大米作修路经费”。

修建铁路，钢轨从哪里来？抗战期间，汉阳钢铁厂的许多设备和技术力量迁到重庆。当时唯一具有钢轨生产能力的第29兵工厂（今重庆钢铁股份有限公司）组织技术人员和广大工人，克服设备陈旧、工艺落后等困难，成功轧制出了新中国的第一根钢轨，并承担了成渝铁路钢轨生产的全部任务。

在党的领导下，全国各地纷纷支援成渝铁路的建设，鞍钢的钢锭、上海的钢梁、武汉的机车，凭借海军助力，源源不断运往重庆。筑路大军更是发扬自力更生的精神，就地取材，沿线许多桥梁、隧道都是用当地的石料建成，既节约了资金，又提高了效率。同时，沿线还有很多农民不计报酬，自带干粮，自备工具，看到哪里需要人手就在哪里干活儿。不少人甚至将家藏的寿板、房料等无偿捐献出来作铁路枕木。成渝铁路所需的129万根枕木，就是沿线群众在极短的时间内备齐并送达工地的。

在广大军民的共同努力下，成渝铁路工程进展顺利。该铁路于1950年6月15日开工，8月1日开始从重庆向西铺轨，以每天铺筑5030米的进度推进，1952年6月13日铺轨到达终点站成都，比原计划提前了3个月。1952年7月1日，全长505公里的成渝铁路在重庆、成都两市同时举行隆重的通车典礼，人们欢欣鼓舞，敲锣打鼓，许多人激动得热泪直流，盼了几十年的铁路终于通车了。

成渝铁路不仅是中华人民共和国成立后修建的第一条铁路干线，而且也是第一条完全由中国人自己设计施工、完全用国产材料建成的铁路。这对于刚刚解放不久、经济十分困难、物资极度匮乏，又面临西方封锁禁运的新中国来说，堪称一大奇迹。时任西南军政委员会副主席贺龙在庆典上的讲话，道出了人们的心声："成渝铁路在短短的时间内就能通车的事实，有力地说明了中国共产党不但能够领导全国人民在政治上解除被压迫的地位，而且能够领导全国人民在经济上摆脱历代反动统治阶级所造成的贫困与苦难，逐步走向幸福生活。"

撰稿人／朱靖远　李国洪（重庆市大渡口区博物馆）

讲述人／王紫燕（合肥工业大学）

59　修筑川藏公路的铁锹

在西藏军区军史馆里陈列着一把上了年头的铁锹，铁锹的铲头上附着了斑驳的锈迹，木把上深嵌一道道裂纹。这把铁锹是当年第十八军五十三师一五九团三连张福林班在雀儿山修筑川藏公路时使用过的筑路工具。当年，在没有大型施工设备的情况下，筑路部队的战士们靠铁锹、镐头成功修筑川藏公路的壮举，至今仍被誉为世界公路史上的奇迹。

1950年3月29日，为了早日和平解放西藏，党中央指派西南军区十八军组成进藏先遣队，从四川乐山出发，进军西藏。在先遣队出发一个月之后，毛泽东作出指示：一面进军，一面修路。为了帮助各族兄弟，不怕困难，努力筑路。川藏公路的通车时间定在1954年。时间紧迫，十八军火速成立了一支筑路部队，战士们放下了手中熟悉的枪，拿起了铁锹、十字镐，投入在“世界屋脊”上修公路的重大战役。

打通雀儿山是争取1952年川藏公路雅安—昌都段通车的关键。1951年初冬，总计1.2万多人的筑路大军投入雀儿山区的“攻坚战”。雀儿山区峰峦险峻，设计的公路线从海拔5047米的雀儿山垭口通过。这里上下山线路长60公里，是川藏公路线上的第一道险关。

初冬的雀儿山区，气温已降至零下20摄氏度以下，地面覆盖着一两米深的积雪，冻土层有一米厚，使用镐、锹等工具仅能砸出一个白印。部队的帐篷经常被寒风吹垮，高海拔地区水的沸点低，饭菜常常是半生不熟，施工和生活条件异常艰苦。为鼓舞士气，早日打通雀儿山，各级党委、支部一面关怀战士，尽力做好后勤保障，一面加强思想政治工作，号召施工部队发扬“吃大苦，出大力”的精神，开展立功竞赛。

战士们在无法立足的悬崖峭壁上，把一根麻绳拴在腰间，作为唯一的安全保障，用最简陋的铁锹和十字镐悬空作业。工兵第八团五连班长杨海银在高寒缺氧条件下，使用八磅铁锤连续打了1200锤，被誉为“千锤英雄”。第一五九团三连班长张福林创造了两炮炸掉1010立方石头的纪录，超过了标准功效26倍。在热火朝天的施工现场，停工休息的号声响起，谁也不肯放下手中的工具，以至必须由指挥员下命令，让共产党员带头，大家才肯休息片刻。战士们风趣而豪迈地说：“我们在雀儿山上，生活劳动在5000米的高度，营地建在30度的斜坡上，气温是零下30摄氏度，开水沸点是80摄氏度，而我们的劳动热情达到了100度！”

1954年12月25日，历时4年时间修建的川藏公路全线通车。这条东起雅安、西至拉萨，全长2255公里的公路，沿途翻越14座雪山，横渡十几条江河，是筑路战士们仅凭双手开凿出的一条连接西藏和祖国内地的“血脉通道”，结束了西藏不通公路的历史。

圣洁的雪山之下，长眠着3000多名为修筑川藏、青藏公路牺牲的烈士，他们铸就的“一不怕苦、二不怕死，顽强拼搏、甘当路石，军民一家、民族团结”的“两路”精神，成为中国大地上又一座不朽的精神丰碑。

撰稿人／李辰（西藏军区政治工作部）

讲述人／郭雪晴（西南交通大学）

60 上甘岭上的碎石粉末

在抗美援朝纪念馆一级文物中，有一盒碎石与岩石粉末，里面夹杂着许多弹头与弹片。这是上甘岭战役后，志愿军战士从阵地上采集留下的纪念。在这盒战士们随手采集的粉末中，竟有十几个弹头与弹片。如今，它被静静地陈列在抗美援朝纪念馆中，向大家述说着抗美援朝中那场惨烈的著名战役。

1952年10月，敌军在中国人民志愿军全线反击打击下，在战场上已经丧失了主动权。为了摆脱战场上和谈判中的被动局面，10月14日，敌军集中兵力向志愿军部队发动了自1951年秋季以来规模最大的、以上甘岭地区为主要进攻目标的“金化攻势”。

上甘岭战役分为三个阶段，即双方反复争夺高地、以坑道为骨干的坚固防御，以及决定性反击与巩固阵地。经过第一阶段作战后，本想通过“金化攻势”扭转战场被动局面的敌军付出了惨痛的代价，无论是作战时间、投入兵力还是人员伤亡，都大大地超出了原定计划，敌人只好硬着头皮继续打下去。此后，双方都不断地向

597.9高地和537.7高地北山增加兵力，使上甘岭从最初以连为单位的小型战斗逐步升级，发展成为大规模战役。

最终，在仅3.7平方公里的阵地上，敌军先后投入兵力6万余人，坦克170余辆，出动飞机3000余架次，动用105毫米以上口径火炮300余门，平均每天发射炮弹2.4万余发，投掷重磅炸弹500多枚；志愿军先后投入兵力4万余人，各类火炮500余门，发射炮弹35万余发。双方兵力、火力的密集程度和战斗的激烈程度在世界战争史上均属罕见，两个高地的山头被削低了两米，山上的土石被炸成一米多厚的粉末。然而，志愿军部队在粮弹紧缺的残酷条件下，发扬不怕牺牲的革命精神，像钉子一样牢牢地扎在阵地上，在43天的激战中，共歼敌2.5万余人，彻底粉碎了敌军的“金化攻势”，取得了上甘岭战役的胜利，创造了世界现代战争史上坚守防御作战的典范。

在上甘岭战役中，涌现出了：为了胜利，用身躯堵住敌人机枪眼的特级战斗英雄黄继光；孤胆奋战，一人一天打退敌人41次冲击，歼敌280余人的一级战斗英雄胡修道；双腿被炸断，来回爬行指挥，拉响最后一颗手榴弹与敌同归于尽的一级战斗英雄孙占元，以及易才学、王合良、薛志高、王彦林等二级战斗英雄……他们的名字永远地印刻在上甘岭阵地上，他们的丰功伟绩将永世流传。

如今，战争的硝烟已经散去，中国已巍然屹立于世界的东方。让我们铭记历史、珍爱和平，追寻先烈足迹，传承伟大抗美援朝精神，发扬上甘岭精神，在实现中华民族伟大复兴中国梦的道路上风雨兼程、砥砺前行，为取得新的胜利奋勇前进。

撰稿人 / 关小宇（抗美援朝纪念馆）

讲述人 / 张文玥（中国矿业大学）

61　见证“新中国第一坝”诞生的转轮

在安徽省佛子岭水库展馆内，陈列着一台水轮发电机组转轮，它直径98厘米，重约1吨，共有17扇叶片，转轮上方刻有中俄两种文字的“中苏友好万岁”，这个转轮见证了“新中国第一坝”佛子岭水库大坝的诞生。

1950年，淮河再次发生流域性水灾，受灾百姓达到1300多万人。当时中华人民共和国刚成立，一穷二白，百业待兴。在极度困难的情况下，党中央坚持人民至上，克服一切困难，把治理淮河迅速提上日程。1950年10月，中央人民政府政务院颁布了《关于治理淮河的决定》。1951年春，毛泽东发出“一定要把淮河修好”的伟大号召，掀起了新中国第一次治淮高潮。按照“蓄泄兼筹”的治淮方针，首先需要建造大型山谷水库，以拦蓄大别山区的大量洪水，佛子岭水库便是其中最早建设的重点工程。

在党的领导下，各方面力量投身到佛子岭水库工程建设中。水库工程由著名水利专家汪胡桢主持，同时从全国范围内调集了一大批技术干部、大专院校学生、医务人员、民工等。1952年7月，中国人民解放军工程水利第一师参加水库建设。

佛子岭水库建设前，钢筋混凝土连拱坝问世不久，世界上仅美国及阿尔及利亚有成例，国内既没有现成的技术资料，也没有施工经验，建设难度和风险极大。面对艰巨的任务，以汪胡桢为代表的一批技术人员发扬勇攀高峰、敢为人先的科学精神，克服交通不便、施工机械缺乏等困难，脚踏实地，埋头苦干，从1952年1月开工建设到1954年11月竣工，仅用时2年零10个月，长510米、净高74.4米的新中国第一座钢筋混凝土连拱坝便横亘在佛子岭两山之间，极大地提高了中国水利工程技术在国际上的影响和威望。

为了利用水能资源，水电站的建设贯穿佛子岭水库建设始终。1952年1月，国家燃料部水力发电局派员前往水库现场，就安装水轮发电机组进行了勘察。1954年9月，第一台1000千瓦发电机组的安装工作启动，11月投入运行，这台转轮便是机组的核心部件之一。1957年，随着老发电厂房5台机组全部投入发电，佛子岭水电站总装机容量达到11000千瓦，占20世纪50年代安徽全省水、火电厂（站）总装机容量的28%。通过升压送电，佛子岭水电站源源不断地为省会合肥提供清洁的水电能源，结束了合肥纯粹依靠火力发电供电的历史。20世纪90年代，在安全运转了40余年后，这台转轮“光荣退役”。2013年至今，这台具有里程碑意义的转轮被置放于佛子岭水库展览馆内，向全国各地的游客述说着水库的光荣历史。

佛子岭水库建设及发展过程中，创造了新中国第一台1000千瓦水轮发电机组、淮河流域第一座水电站（佛子岭水电站）、安徽省第一条110千伏输电线路（佛子岭—合肥）等诸多历史性成就，这是我国社会主义制度集中力量办大事的生动实践，更是中国共产党团结带领人民群众治水患、兴水利的典范。如今，淮河流域已基本形成防洪除涝减灾体系，在行蓄洪区充分运用的情况下，可防御流域性大洪水，淮河正被打造成为造福流域人民的幸福河。

撰稿人/王群国　舒奇（安徽省佛子岭水库管理处）

讲述人/王景发（中国海洋大学）

62　打着73个补丁的睡衣

在毛泽东的众多遗物中，有一件白色泛黄、打了73个补丁的木薯棉睡衣。这件睡衣有这样几个特点：一是它的材质一般，样式普通，木薯棉质地，夹层，香蕉领，外侧有两个口袋；二是这件睡衣曾被它的主人长久地穿过，从20世纪50年代初，一直到1971年，毛泽东春秋两季都穿它，时间长达20余年；三是睡衣通体破旧，“面目全非”，它的领子全换过，衣袖、下摆等处补丁连补丁，看不出本布，仔细数数，整件睡衣有73个补丁，真可谓“百衲衣”。

围绕这件与伟大领袖毛主席相伴20余年的睡衣，发生过许多动人的故事。还在60年代初，睡衣的肘部、领部、袖口就有了破洞。1963年初夏的一天，毛泽东的理发师兼生活卫士周福明来到中南海服务处取衣服。洗衣房的同志说：“小周，给主席换换新的吧，你看这件睡衣，袖肘又破了，洗的时候从水里都不好往外提，弄不好就被拽破了。”周福明不止一次听洗衣房的同志说这样的话，可他们哪里知道，他也多次向主席提过，可毛泽东总说：

“再穿一穿吧，过段时间再换。”主席不同意，谁也不敢擅自为他添置东西。

几天之后，周福明陪毛泽东吃晚饭，他正好穿着这件睡衣。周福明趁机说：“主席，这件睡衣今年该换换了吧。”

毛泽东还是说：“现在国家不是还很困难吗？我看再补一补就行了嘛！”周福明小声嘀咕了一句：“您是主席。”

“噢，我是主席，主席的睡衣就不能补一补了？”毛泽东打量着周福明，说：“你不是也穿着补的衣服吗？”

“主席，您和我不一样。”周福明解释道。

“为什么不一样？就因为我是主席。难道我不也是人民中的一员吗？”毛泽东的话让周福明涨红了脸。

就这样，睡衣又继续破了补，补了又穿破，后来工作人员洗这件衣服，都不敢用手搓，只能放点洗衣粉，稍稍浸泡一下，然后小心翼翼地清洗。直到1971年，睡衣已到了稍不留神就会脆破一个大口子的程度了，实在无法再穿，毛泽东这才同意更换。

据工作人员回忆，从1953年到1962年，毛泽东没有做过一件新衣服，在他遗留下来的衣物中，除正式场合穿的外套外，很难找到一件没有补丁的衣服。

革命战争时期，毛泽东就说：“我节约一件衣服，前方战士就多一发子弹。”“没关系，穿里面别人看不见，我不嫌就行。”战争胜利了，他仍说：“现在国家还穷，不能开浪费的头。”“没有条件讲究的时候不讲究，这一条好做到；经济发展了，有条件讲究仍然约束自己不讲究，这一条难做到。共产党员就是要做难做到的事。”他也曾这样告诫党员干部们：“我们可不能像李自成进北京。他们进了北京就变了，我们还要继续革命，建设社会主义新中国。我们决不能贪图享受。”

正如毛泽东身边工作人员所说的那样：“毛主席不是没有条件享受，而是他自己意识到身居高位，不能居功自傲，脱离群众，要严于律己，生活俭省，要求别人做到的事情他首先自己做到。”

一件补丁睡衣，生动展现了中国共产党人的崇高品质，展现了伟大领袖毛主席与人民同甘共苦，从生活点滴做起，从自己做起，严于律己的优良作风。

撰稿人／阳国利（韶山毛泽东同志纪念馆）

讲述人／刘珞西（湖南大学）

63　新中国第一辆国产汽车

在吉林省长春市中国第一汽车制造厂原址一汽解放总装车间里，陈列着一台解放牌载重汽车。它是新中国第一辆国产汽车，是我国汽车工业蓬勃发展的见证。

中华人民共和国成立初期，发展工业成为重要任务。汽车工业作为国民经济建设的有力支撑，备受重视，“一五”计划中，建设一座综合性汽车制造厂被列为首批重点工业项目。经过一系列紧张的筹备与考察，汽车制造厂的选址最终定在长春市郊孟家屯西北侧。按照毛泽东主席签发的《中共中央关于力争三年建设长春汽车厂的指示》，1953年7月15日，第一汽车制造厂奠基典礼在长春隆重举行，镌刻着毛泽东主席题词“第一汽车制造厂奠基纪念”的汉白玉基石被安置在场地中央，开启了新中国发展汽车工业的第一步。

那时，新中国百废待兴，人才和资源稀缺，中组部从全国各地调集了大批干部齐聚一汽，同时在中央有关部门的统筹安排下，国家计委、铁道部、邮电部、外交部和解放军等均优先安排支援一汽建设事项。在土建高峰期，每天都有两三百个车皮，满载着各种规格、型号的材料和设备，从各个省市和厂矿源源不断地送往一汽繁忙的工地。作为一汽所在地，长春市对其建设给予了大力支持，长春市第一届党代会确定了“主动积极、尽先办理、只许办好、不许办坏”的方针，1954年市政建设费用84%用于一汽。

在全国的大力支援下，仅用了3年时间，一汽就修建完成建筑面积702480平方米的各种厂房，铺设管道86290米，电缆47178米，安装设备7552台，制造工装两万多套。一个年产三万辆的现代化汽车厂拔地而起。一汽人不仅掌握了汽车制造的基础知识，还学会了土建施工、机械加工、汽车驾驶等多种技术，为汽车厂的建成投产奠定了基础。

“盼星星盼月亮啊，盼的那个国产汽车真就出了厂。”1956年7月13日，克服了种种艰难险阻，新中国生产的第一批载重汽车从总装配线上开出，自此结束了新中国不能制造汽车的历史。7月14日，长春市处处红旗招展、锣鼓喧天，12辆崭新的汽车从长春第一汽车制造厂浩浩荡荡驶向市区。成千上万人涌上街头，只为看一眼中华人民共和国成立后我们自己生产的汽车。毛泽东主席亲自为其命名为“解放”。它不仅寓意思想的解放、生产力的解放，更表达了我们将不再被别人在技术上“卡脖子”。

如今的解放牌汽车作为中国民族汽车品牌的中流砥柱，承载着几代人的回忆，依然驰骋在祖国的城市乡村，同时通过不断创新进步，为中国的工业建设、农业建设和国防建设作着更大贡献。

撰稿人 / 魏琳（一汽解放汽车有限公司）

讲述人 / 于洋（东北林业大学）

64　新中国第一部宪法草案初稿

杭州西湖，风景如画。在西湖边的北山街84号院，一片浓荫掩映下，有一幢青灰色的小楼，这里是“五四宪法”历史资料陈列馆所在地。在陈列馆二楼的展厅内，一本微微泛黄的文稿吸引了来自全国各地的参观者驻足，这本珍贵文稿就是《中华人民共和国宪法草案（初稿）》，封面上标注的时间是1954年3月23日。

1953年12月，毛泽东率宪法起草小组的几名成员来到杭州。在来杭州的火车上，毛泽东对随行人员说：“治国，须有一部大法。我们这次去杭州，就是为了能集中精力做好这件立国安邦的大事。”抵达杭州后，毛泽东和部分随行人员住在刘庄。每天下午3点，毛泽东从刘庄出发，来到北山街84号院办公，往往一干就是一个通宵，经常是午饭在夜里、晚饭在早晨。

毛泽东和宪法起草小组成员在西子湖畔夜以继日、呕心沥血的同时，刘少奇和其他在北京的中央领导人也在为宪法的诞生紧锣密鼓地工作着。往往是杭州起草一个稿子出来，马上派交通员送到北京。北京立即安排讨论，再把讨论后的修改意见反馈到杭州，这样反复多次。

毛泽东一行在杭州西湖边一共度过了77个日夜。1954年3月14日，毛泽东完成在杭州的宪法起草工作，返回北京。在杭州起草的宪法草案初稿有一个浪漫的名字——“西湖稿”。

1954年3月23日，毛泽东在中南海勤政殿主持召开中华人民共和国宪法起草委员会第一次会议，代表中共中央提出《中华人民共和国宪法草案（初稿）》。会后，全国政协、各民主党派、各人民团体以及中央和地方领导机关、社会各方面代表共8000多人参与了草案初稿的讨论，提出各种修改意见5900多条。“五四宪法”历史资料陈列馆中的这本《中华人民共和国宪法草案（初稿）》，正是当时参与讨论时的原件，由中国人民大学法学院教授韩大元捐献。

1954年6月14日，中央人民政府委员会第三十次会议召开，讨论通过了《中华人民共和国宪法草案》，并向社会公布。此后，全国各界共有1.5亿余人参加了宪法草案的学习讨论，提出118万多条修改、补充意见。1954年9月20日，中华人民共和国第一届全国人民代表大会第一次会议全票通过了《中华人民共和国宪法》。

1954年宪法是新中国第一部宪法。它是中国共产党领导全国人民制定的，实现了党的正确主张和人民共同意志的统一。从“五四宪法”诞生的全过程可以看出，这次立宪是我国历史上“民主立法、科学立法”的一次生动实践。

如今，“五四宪法”起草地旧址已被誉为新中国建设的历史地标，党领导人民制定实施宪法的光辉历程已经成为中国共产党历史的重要组成部分，越来越多的党员领导干部和青少年来到这里学党史、悟思想。“五四宪法”历史资料陈列馆开馆以来，接待观众已达156.3万人次，在党史和宪法宣传教育中发挥了独特的作用。

撰稿人 / 王永翔（“五四宪法”历史资料陈列馆）

讲述人 / 周雨恬（中国美术学院）

65 中华人民共和国第一个五年国民经济计划草案图表

在中国国家博物馆基本陈列《复兴之路》中，展示着一本由国家计划委员会1955年3月印制的《中华人民共和国第一个五年国民经济计划草案图表》。这本装订成册的图表长37.4厘米，宽27.3厘米，红色封面，右上角标有“绝密”二字。1959年，国家计委将其拨交给中国革命博物馆（今中国国家博物馆）。

1951年2月，刚刚建立的新中国开始着手编制发展国民经济的第一个五年计划。由于物质条件匮乏、技术手段落后、专业人员不足，再加上编制人员对当时的基本国情、矿产资源分布等一系列必备的统计数据掌握不充分，“一五”计划的编制进度十分缓慢。尽管编制工作遇到很大困难，但新中国的建设步伐却不能因此停下，于是就出现了“边计划、边执行、边修正”的局面。从1953年开始，新中国开始实施第一个五年计划，掀起大规模经济建设高潮。1954年3月，“一五”计划的编制进入最后阶段。毛泽东、刘少奇、周恩来等用4周时间集中审议“一五”计划草案。1955年3月，中国共产党全国代表会议通过“一五”计划草案的决议。7月30日，一届全国人大二次会议正式通过第一个五年计划。

“一五”计划的编制工作前后历时四年半，五次编制，数易其稿，终获通过。这个五年计划是中国历史上第一次编制的中长期国民经济和社会发展计划。由此，中国进入了有计划、大规模的经济建设时期。

“一五”计划的基本任务是，五年中将新建一批规模巨大、技术先进的新兴工业部门，同时要用现代化先进技术扩大和改造原有的工业部门；要合理利用和改建东北、上海和其他沿海地区城市已有的工业基础，同时要开始在内地建设一批新的工业基地。由此可以看出，在第一个五年计划中，我国选择了优先发展重工业的道路，这是因为，新中国成立后，经过一段时间的艰苦努力，遭到严重破坏的国民经济得到一定恢复，并有了初步发展，为大规模经济建设和社会主义改造创造了条件。然而，新中国工业化的起点仍然很低。1952年，现代工业在我国工农业总产值中的比重只有43.1%，重工业在工业总产值中的比重只有35.5%。许多重要工业产品的人均产量，远远落后于工业发达国家。为了改变这一状况，1952年12月，中共中央在《关于编制一九五三年计划及五年建设计划纲要的指示》中指出：“工业化的速度首先决定于重工业的发展，因此我们必须以发展重工业为大规模建设的重点。”

到1957年底，“一五”计划的各项指标大都大幅度地超额完成，工业、交通运输业和基本建设各条战线喜报频传。钢铁、煤炭、电力、石油、汽车、飞机、发电设备等一大批工业部门的新建和扩建，填补了新中国工业的空白或提高了技术水平和生产能力，中国的社会经济结构和国民经济面貌发生重大变化。

“一五”计划是中国有计划、大规模经济建设的开端，工业建设取得的成就远远超过旧中国时期，为新中国建立独立完整的工业体系，实现国家工业化奠定了初步基础。从1953年第一个五年计划开始实施，到2020年第十三个五年规划圆满完成，60多年来，我国经济社会发展取得令世界瞩目的历史性成就。开启“十四五”新征程，中国共产党正领导着全国各族人民再接再厉，向着实现第二个百年奋斗目标继续奋勇前进。

撰稿人／王春叶（中国国家博物馆）

讲述人／赵建铭（中央财经大学）

66　新中国第一台普通车床

在中国工业博物馆内，有一台油漆已经斑驳的旧机床，它就是中国工业博物馆的镇馆之宝、新中国第一台普通车床——C620-1车床。为彰显它所作出的历史性贡献，1960年国家发行第三套人民币时，它的身影就出现在了两元人民币的正面。

中华人民共和国成立初期，百废待兴。毛泽东感慨道："现在我们能造什么？能造桌子椅子，能造茶碗茶壶，能种粮食，还能磨成面粉，还能造纸，但是，一辆汽车、一架飞机、一辆坦克、一辆拖拉机都不能造。"要改变我国工业落后的面貌，就必须有制造机器的机器——机床。当时，中国还没有自己的机床工业基础装备。没有"工业母机"，何谈把落后的农业国变成先进的工业国？1953年，原沈阳第一机器厂更名为沈阳第一机床厂，开始研发制造新中国第一台普通车床。

那时，沈阳第一机床厂刚刚完成改建任务，在设备和技术都相对国外大幅落后的局面下，工人们发扬艰苦奋斗的优良传统和精益求精的工匠精神，建成了7条可变流水作业线。流水线上有包括组合机床、联动镗床、龙门铣床及各类专用机床在内的设备205台，还有万能设备、运输设备以及冷热工艺装备3226套（种）。这7条流水线如同7条河流，各个车床部件就像数十万大大小小的船只，顺着流水线不断地向前流动，每经过一台机床的加工，就改变一些模样，最终成为精密的部件，在组装车间“会师”。

1955年8月，第一台真正意义上的C620-1车床诞生了！试车时，崭新的机床开动起来，钢花铁屑不停地脱落飞溅，把一个个工件切削成平面、斜面、圆面、螺丝、钻孔，变成光闪闪的高精密钢铁部件。“成功了！成功了！”工人们为漂亮的机床欢呼，更为祖国的工业发展和“一五”计划可以加速实现欢呼！C620-1车床是当时全国同类产品中最先进的，其精度可以达到世界水平，它的诞生在中国机床工业史上具有里程碑意义。

1956年，C620-1车床正式批量生产，年产量高达2200台，远超当时的美国、英国、法国。这款车床不仅供应全国多家工业企业，还一度出口到了国外。

C620-1车床凝结着一代人的心血，它生产出了祖国建设需要的无数产品，为新中国工业发展立下汗马功劳。1958年沈阳水泵厂就利用这台机床生产出了新中国第一台DG270-150型高压锅炉给水泵转子部件。

时光流逝，机械机床的时代已经落幕。这台飞速旋转了60多年的C620-1车床，光荣地完成了它的使命，静静陈放在博物馆里，向人们讲述着社会主义建设初期那段难以磨灭的记忆。

撰稿人 / 王彤（中国工业博物馆）

讲述人 / 张晓可（北京科技大学）

67 让“天堑变通途”的铆钉风枪

在位于湖北武汉的桥梁博物馆的近现代桥梁展区内，陈列着一套锈迹斑驳的铆钉风枪。这件工具，见证了新中国的建设者们如火如荼修建“万里长江第一桥”——武汉长江大桥时的火热场景。

中华人民共和国成立初期，全国最主要的铁路大动脉京汉线和粤汉线在武汉被长江一分为二。铁路过江，只能靠轮渡，遇到恶劣天气，人们只能望江兴叹。在长江上修建一座大桥，成了几代中国人的梦想。

1949年9月，中国人民政治协商会议第一届全体会议通过建造长江大桥的提案，后来成为新中国“一五”计划的重点建设项目。在“集全国优秀人才，建长江第一大桥”的动员令下，各地优秀的桥梁专家、技术人员，以及最先进的建造设备汇聚武汉，举全国之力修建武汉长江大桥。

经过5年的前期筹备，1955年9月1日，武汉长江大桥正式开工建设。大桥有钢梁上千根，需要用百万颗铆钉一一铆合在一起。武汉长江大桥所用的铆钉比一般桥梁所用的铆钉更粗、更长，质量要求更高。这在当时的中国是前所未有的，铆合任务也因此更为繁重和困难。工人们要通过烧钉、接钉、穿钉、顶钉、铆合等步骤，先在现场把铆钉烧到1205摄氏度左右，然后迅速甩到作业平台上，平台上的工人用铁漏斗接住铆钉后，立即除渣，并趁热用铆钉风枪和跳动风顶进行铆合，将钢梁和钢板结合起来。只有将铆钉和孔眼的直径差控制在一毫米以内，才能将铆钉铆得特别牢固。

1956年7月，在钢梁架设的关键阶段，拼装工作却突然被终止。问题就出在铆钉上。检查人员发现，铆钉和孔眼之间存在最大两毫米的缝隙，出现了松动。只要有一个铆钉松动了，就会因为受力不均匀引起连锁反应，桥梁可能很快就会出现严重的质量问题。

大桥建造的首要前提是安全，建设“万里长江第一桥”，必须坚持“百年大计”理念。尽管工期紧张，时任中铁大桥局局长彭敏依旧果断下令：“铆合质量不解决，钢梁停止向前拼装。”

一个月后，经过建设者们的努力，先期已铆合的一万多枚不合格铆钉全部被拔除，新的铆钉完全填满孔眼，误差小于0.4毫米，拼装工作得以重新启动。经过再次检验，铆接不仅完全合格，而且还比国家质量标准高出5%。

1957年9月25日，历时两年多的艰苦奋战和科技攻关，长江上第一座铁路、公路两用大桥——武汉长江大桥建成，并于当年10月15日正式通车。大桥通车前夕，毛泽东到现场视察，他勉励大桥局员工：“将来要在长江上修上20座、30座桥，到处都能走。”今天，长江上已建和在建的桥梁超过200座，“一桥飞架南北，天堑变通途”早已不是梦想。

武汉长江大桥历经半个多世纪的风雨沧桑，巍然立于大江之上，经受住了多次洪水等自然灾害和碰撞事故带来的考验，每天依然可以承载十万辆汽车和148对火车通行。经过专业检测，大桥2.4万多吨的钢梁无弯曲变形，8个桥墩表面无一裂纹，100多万颗铆钉无一松动，全桥无变位下沉。一代桥梁建设者，用智慧和汗水为国家建造了名副其实的“百年工程”。

撰稿人/成莉玲（桥梁博物馆）

讲述人/吴恺文（中国地质大学）

68　谷文昌的“专车”

在福建省东山县谷文昌纪念馆展厅的一角，停放着一辆老式单杠自行车。从1957年到1964年，这辆“除了铃铛不响哪儿都响”的自行车，陪伴时任东山县委书记谷文昌踏遍了东山大半田埂村社，是他廉洁奉公、勤政为民的历史见证。

1956年7月，一位回乡探亲的华侨赠予东山县委一部小旅行车，谷文昌知道后，提出把车分配给县公安局。当时有人持反对意见，认为车是送给县委的，而且县委也没有车。谷文昌说：“东山是海岛，处于沿海前线，海防任务重，公安局更需要车。”于是，旅行车分配给了县公安局。两个月后，几位华侨又联合捐赠了一部大车和几辆摩托车给东山县委、县政府，谷文昌依旧把这些车按需分配给了相关部门。

谷文昌一直步行下乡。他背着行军壶，带着冷馒头，风里来雨里去，胃病常常发作。东山干部群众看在眼里，疼在心里。后来，华侨又给东山县委、县政府送来6辆新加坡进口的“红牌”“拉力牌”自行车。县委决定分配一部给谷文昌。为了便于下乡，谷文昌收下了。从此，谷书记有了自己的“专车”。42岁的他一学会骑自行车，就在车后座上绑上锄头，摇摇晃晃、迫不及待地下乡去了。

对公家的东西，谷文昌格外爱惜。1961年7月的一天，谷文昌带着组织部干事林木喜骑车下乡，指导铜砵大队整顿三类生产队。忙了一整天，直到下午6点，两人才骑车往县城赶。乡间公路坑坑洼洼，骑行至东沈大队时，谷文昌突然跳下车来说：“坏了！车后轮内胎漏气了！”林木喜正发愁，只见谷文昌蹲下身子，扛起自行车就大步往前走。林木喜急忙道：“谷书记，前面五六百米远的南埔大队岭上有间修车铺，让我推过去修理吧！”谷文昌说：“这怎么行？这是公家的自行车，别再磨破了外胎。”当两人把自行车扛到修车铺时，修车铺已经关门，他们只得将自行车寄放在附近，步行回去。到县委时，已经是晚上8点多了。

公私分明，公物涓滴不入私门，这是谷文昌恪守的为官准则。他一回家就给自行车上锁，不许家人碰；一有空就上油、擦拭，对自行车勤加保养，生怕它坏了。有一次，因为工作忙，谷文昌忘了给停放在家门口的自行车上锁，车被孩子们骑到了街上。谷文昌回家知道后，对他们进行了严厉的批评。他常对身边人、家里人说：“当领导的要先把自己的手洗净，这样自己的腰杆才能挺直。”

后来，县里给谷文昌配了一部吉普车，但他舍不得扔掉自行车，把吉普车让给了其他县领导，他说：“还是单车方便，和群众容易搭话。”

政声人去后，丰碑在人间。今天，人们仍能从这辆自行车上，感受到谷文昌“朗如日月、清如水镜”的人格力量和一心为民的崇高信仰，他的名字将永远镌刻在人民心中。

撰稿人 / 蔡雯琳（谷文昌纪念馆）
陈思佳（东山县融媒体中心）
讲述人 / 郭子健（武汉理工大学）

69　周恩来等审阅修改的《〈八一起义〉说明稿》

在南昌八一起义纪念馆，有一份周恩来亲笔修改过的《〈八一起义〉说明稿》。这份稿件写在16开方格信纸上，共5张，原稿为纪念馆副馆长杜南用蓝色钢笔书写，黑色毛笔小楷字为周恩来修改字迹。

1957年，为纪念中国人民解放军建军30周年，向全国人民全面具体地介绍八一起义的经过，《解放军报》决定出版名为《八一起义》的连环画作品，并要求南昌八一起义纪念馆提供连环画的文字说明稿。纪念馆起草的介绍稿送到北京后，立即引起中央领导同志的高度重视，周恩来、朱德、贺龙等亲自审阅，周恩来和陈毅还做了多处修改。

《八一起义》连环画共21幅，配文字说明1600字。说明稿被修改98处，其中周恩来修改97处，陈毅修改1处。周恩来的重要修改有以下几处：

一是将原稿中所写的“1924年到1927年，中国人民的反帝反封建大革命，在中国共产党的推动和组织下，取得了伟大的胜利”改为“在中国共产党的正确领导的影响、推动和组织下，取得了伟大的胜利”，重点突出了党的领导。

二是原稿中曾写道：“党为了挽救革命的失败，派周恩来同志在南昌举行起义。”周恩来在后面加入“以贺龙同志率领的国民革命军第二十军、叶挺同志率领的国民革命军第十一军和朱德同志率领的第九军一部分为基础”一段话，并在起义领导人中增加了刘伯承的名字，如实反映了贺龙、叶挺、朱德、刘伯承等同志参加起义领导工作的情况，充分肯定了他们在南昌起义中所发挥的重要作用。

三是对起义军南下作了自我批评。原稿中写道：“起义军胜利后，向南挺进，部队到达广东时……”周恩来在“胜利后”加入“由于当时领导者没有能够坚持发动广大农民实行土地革命的政治路线，而采取单纯军事的方针”一段话，主动承担起起义军失利的责任，体现了他敢于担当的政治品格。

四是原稿中曾写道：“当起义军处在万分艰苦的战斗时，毛泽东同志率领秋收起义队伍向井冈山进军，建立了第一个革命根据地。”周恩来将“处在万分艰苦的战斗”改为“向南挺进”；而在“毛泽东同志率领秋收起义队伍向井冈山进军”后面，增加了“创立了土地革命的正确路线”这个重要内容，体现了对土地革命正确路线的高度认同。

周恩来亲笔修改的《〈八一起义〉说明稿》，使对南昌起义的宣传介绍呈现出新局面。随后，各种回忆录日益增多，介绍南昌起义的小册子也纷纷出版，在1957年庆祝八一建军节期间达到了高潮。

撰稿人/王小玲（南昌八一起义纪念馆）

讲述人/张源容（河海大学）

70　钱学森的奖状和奖章

在上海交通大学钱学森图书馆的藏品中有一套珍贵文物，这套文物是钱学森在1957年因其《工程控制论》获得的“中国科学院科学奖金一等奖”的奖状和奖章。奖状由中国科学院科学奖金委员会颁发，长55厘米、宽43厘米；奖章为五角星形状。

钱学森，1911年12月出生于上海，大学毕业后心怀“航空救国”的理想赴美求学，1935年9月进入美国麻省理工学院航空系学习，1936年9月转入美国加州理工学院航空系，师从世界著名空气动力学教授冯·卡门，先后获得航空工程硕士学位和航空、数学博士学位，后成为世界知名的空气动力学家。

尽管在美国有着优厚的工作待遇，钱学森还是始终关心着祖国的发展。中华人民共和国成立后，钱学森开始筹划回国。当时，钱学森是美国加州理工学院喷气推进中心主任，为了回国，他辞去了在美国的一切职务。但美国军方并不想放他回国，美国海军部副部长丹尼尔·金贝尔甚至说：“一个钱学森抵得上五个海军陆战师。我宁可把这个家伙枪毙了，也不能放他回中国去！”钱学森被美国司法部移民归化局非法拘留，开始长达五年的软禁生涯。

在被美方限制科研权利的情况下，钱学森并未消沉，他决定“另起炉灶”，并以总结早期科研经验为基础，选择工程控制论作为新的研究方向。经过数年艰辛的学术探索，终于在1954年写出了经典著作《工程控制论》并顺利出版。此书一经出版就成为一本畅销著作，很快被翻译成俄文、德文、捷克文和中文。钱学森把自己刚出版的《工程控制论》交到老师冯·卡门手里时，老师对他说，你现在在学术上已经超过了我。钱学森曾解释说：“工程控制论并不是脱离实际的东西，它与生产过程自动化，与电子计算机，与许多国防问题都有着密切的关系。”

1955年6月，在钱学森的不懈努力和中国政府的交涉下，美国当局最终不得不同意放行钱学森。在回国的邮轮上，钱学森激动地说：“今后我将竭尽全力，和中国人民一道建设自己的国家，使我的同胞能过上有尊严的幸福生活。”

钱学森回国之后，参与筹建中国科学院力学研究所，并担任该所首任所长，通过讲授“工程控制论”向国内传播科学前沿知识。与此同时，中国科学院启动科学奖金的评选活动，《工程控制论》经过几轮评选获得一等奖，这是新中国首次颁发的国家级学术奖励。

1956年10月8日，钱学森受命负责组建起了我国第一个火箭、导弹研究机构——国防部第五研究院。从那时开始，钱学森长期担任火箭、导弹和航天器研制的技术领导职务，以他在总体、动力、制导、气动力、结构、材料、计算机、质量控制和科技管理等领域的丰富知识，为中国火箭、导弹和航天事业的发展作出了重大贡献，赢得了“中国航天之父”的美誉。如今，中国已经成为名副其实的航空航天大国，钱学森的名字也将永远镌刻在中国航空航天事业的史册上。

撰稿人/吕成东（上海交通大学钱学森图书馆）

讲述人/王天一（上海交通大学）

71 “雷锋号”推土机

在辽宁省抚顺市雷锋纪念馆的全景展台内，有一辆黄色的斯大林80号推土机，这个高2.4米、重13吨的大家伙，是雷锋在鞍山钢铁公司工作期间开过的推土机。

1958年11月，为参与新中国工业建设，雷锋报名来到鞍钢工作。考虑到他在家乡开过拖拉机，组织就分配他到化工总厂洗煤车间当一名推土机手。当时车间有两种型号的推土机，一种是车身小、省力气的德特54型，一种是体积大、操作难的斯大林80型。车间领导看到雷锋个子小，准备让他开小车，但雷锋认为“开大车能多干活儿”，坚持要驾驶这台大车。

师父李长义见雷锋个子小、身体单薄，对他不太满意。可是雷锋能吃苦、善于动脑，很快扭转了李长义对他的印象。

雷锋坚持每天提前上班，严格遵守交接班制度。在作业中，雷锋驾驶着推土机每天同煤打交道，常常弄得满身油污，可他从不怕脏怕累，依旧抢着检查加固零件。在这台大推土机的驾驶室里，雷锋如果坐着开，就看不见车前的大铲子，站着开，又挺不直身子，所以大部分时间里他只能猫着腰工作。一天下来，腰酸背疼，汗流浃背，但他从没有喊过一声苦，叫过一声累。雷锋还利用业余时间向修理工人学习维修技术。在很短的时间内，他就掌握了推土机的性能和排除一般故障的技术。这样，既节省了维修费用，又保证了生产效率。

在鞍钢工作的一年零两个月时间里，雷锋与他使用的推土机一起，为新中国的社会主义建设贡献力量。他多次被评为生产标兵、红旗手，还作为先进代表参加了鞍山市青年社会主义建设积极分子大会。

雷锋从鞍钢参军到抚顺因公殉职后，鞍钢人睹物思人，精心地使用、爱护他驾驶过的这台推土机。为了铭记雷锋事迹，弘扬雷锋精神，鞍山市委于1973年3月授予这台推土机"雷锋号"的称号。"雷锋号"也自此成为鞍钢人心中的"传家宝"，激励着一批又一批职工投身社会主义的建设中。

1995年3月，鞍钢将"雷锋号"推土机捐赠给抚顺市雷锋纪念馆，以发挥它更广泛的教育作用。为了更好地再现雷锋当年在鞍钢化工总厂洗煤车间的工作场景，2002年，纪念馆邀请我国知名的蜡像大师尔宝瑞制作了一尊雷锋的蜡像，站立在"雷锋号"推土机的驾驶室旁，组成了大型组合场景《爱岗敬业的推土机手》，让前来参观的游客身临其境地感受雷锋火一般的工作热情。

“雷锋号”推土机体现了雷锋为社会主义建设开大车、多作贡献的无私奉献精神。

撰稿人 / 徐明（抚顺市雷锋纪念馆）

讲述人 / 戴立为（北京大学）

72　研制第一颗原子弹用的手摇计算机

在中国国家博物馆《复兴之路》基本陈列中，展示了一台上海“通用”牌201型黑色手摇计算机（第34659号）。它是“两弹元勋”邓稼先研制原子弹时用过的四台手摇计算机中的一台，参与了中国原子弹异常艰辛的研制过程。20世纪60年代，邓稼先组织领导第二机械工业部科研人员，用四台老式手摇计算机模拟计算了原子弹爆炸时的物理过程，弄清了原子弹的爆炸原理，完成了原子弹的理论设计方案，迈出了独立研制核武器的第一步。1999年，北京应用物理与计算数学研究所将这台手摇计算机拨交给中国革命博物馆（今中国国家博物馆）。

新中国成立初期，严峻的国际形势使党中央深刻意识到，中国必须要有自己的核武器。在发现铀矿之后，1955年1月，毛泽东主持中共中央书记处扩大会议，听取李四光、钱三强等关于中国核科学研究和中国铀矿资料情况汇报后，作出了发展中国核工业、研制核武器的战略决策。

1956年，在周恩来、陈毅、李富春、聂荣臻等主持下，数百名专家共同制定了包括原子弹研制等在内的《1956—1967年科学技术发展远景规划纲要（修正草案）》，中国原子能事业悄然拉开了序幕。1958年，在苏联的援助下，中国第一个实验性原子反应堆和回旋加速器于北京建成。同年，中国第一个核武器研制、实验和生产基地——中国原子城在青海破土动工，选定新疆罗布泊作为核试验基地。

1959年6月，苏联政府单方面撕毁了援助中国原子能工业的协议，不但撤走专家，还带走了重要的图纸资料，中断了设备材料供应，迫使中国走上独立自主研制核武器的道路。1960年，在钱三强的领导下，中国原子能研究所建成了一个比较完整的综合性科学技术研究基地，聚集了邓稼先等一批科学家，开始独立自主研制核武器。

邓稼先是安徽怀宁人，26岁时在美国获得物理学博士学位，九天后便毅然决定回国报效祖国。1950年10月，邓稼先被分配到中国科学院近代物理所进行中国原子弹理论的研究工作。1960年后，邓稼先出任第二机械工业部第九研究院理论设计部主任，是原子弹理论研究设计的总负责人。

原子弹理论设计需要进行大量计算，在缺少电子计算机的情况下，中国科学家们就用手摇计算机、半自动计算机、算盘，甚至纸笔来计算人们难以想象的巨大数字。邓稼先领导设计部科研人员用四台老式手摇计算机，对原子弹爆炸时的物理过程进行了九次模拟计算和分析，推翻了苏联专家撤走时留下的核爆大气压数值，解决了中国原子弹试验成功的关键性难题。

1962年，设计部完成了原子弹的设计方案，迈出了中国独立研制核武器的第一步，被华罗庚誉为“集世界数学难题之大成”。美国《纽约时报》称邓稼先是“中国的原子弹之父”。1964年10月，中国第一颗原子弹爆炸成功之后，邓稼先又同于敏等人投入氢弹的研究中，并于原子弹爆炸后的两年零八个月研制成功。这些当年中国最优秀的科学家们，为了祖国的强盛，为了国防科学事业的发展，甘当无名英雄，为中国核武器研制作出了卓越的贡献。

撰稿人／王立峰（中国国家博物馆）

讲述人／朱戈奇（清华大学）

73 铁人王进喜在大庆油田会战中用过的钻头

在大庆铁人王进喜纪念馆中，收藏着一只锈迹斑斑的三刮刀钻头。这只钻头长40.5厘米，直径14.5厘米，是王进喜和1205钻井队工友们在大庆油田开发建设过程中使用过的。它经历了王进喜和工友们用五天零四个小时打完一口井、创造当时大庆钻井生产新纪录的整个过程。

1960年3月15日，王进喜带领1205钻井队从甘肃玉门出发，日夜兼程赶赴大庆。3月25日一下火车，他一不问吃、二不问住，先问："我们的钻机到了没有？井位在哪里？这里的最高纪录是多少？"得知井位在马家窑，他立即带队赶到那里。

4月2日，从玉门发出的钻机到了。在汽车少、吊车不够用的情况下，王进喜对大家说："有条件要上，没有条件创造条件也要上！"他不等不靠，带领工友们人拉肩扛，把60多吨重的全套钻井设备搬到了井场。

4月14日，1205钻井队到大庆油田会战打的第一口井——萨55井开钻。马家窑的田野上第一次响起了钻机声，英雄五队的铁臂第一次向松辽大地深处掘进。

打到70米时，突然发生了井漏事故，全队职工立刻行动起来，到水泡边端的端、挑的挑、扛冰的扛冰，快速往井场运水。王进喜则驾驶罐车往来运水。经过一场大战，很快战胜了漏层，恢复了正常钻进。

打到第三天，眼看井深要破千，正组织快速钻进，突然灯火全灭，井场上一片漆黑。王进喜说“关键时刻不能停”，他自己上钻台扶刹把，凭着手上的感觉、耳听转盘响声来判断钻机负荷、钻压大小和井下情况，继续打井。经过苦战，一夜累计进尺顺顺当当过了1000米。

就这样闯过一关又一关，到4月19日上午胜利完钻，只用五天零四个小时就胜利打完1200多米的设计井深，实现了“三天上千，五天完钻”的目标，创造了当时最高的纪录，这也是1205钻井队到大庆的第一个新纪录。

经过电测、下套管、固井、射孔、安装采油树、接油管，到4月28日，萨55井正式喷油。几十年来，这第一口油井已为国家生产原油20多万吨。

这只唯一被保存下来的三刮刀钻头，见证了石油工人艰苦奋斗的创业史，是诠释大庆精神、铁人精神最好的物证。1971年5月，1205钻井队把它捐献给大庆展览馆，后移入1991年落成的大庆铁人王进喜纪念馆，保存至今。

撰稿人／郭程（大庆铁人王进喜纪念馆）

讲述人／李若怡（中国石油大学（华东））

74 贴在炸药箱上的收据

被誉为“世界第八大奇迹”的“人工天河”、全国重点文物保护单位红旗渠，在修建过程中发生了许多感人的故事。一个贴有“收据”的炸药箱向人们诉说着那段不平凡的历史和红旗渠精神。

在河南省林州市红旗渠纪念馆的展览橱窗里，陈列着一个墨绿色的木质炸药箱。半个多世纪的岁月已经在它的身上留下了深深的印痕，箱子里的炸药曾为当年红旗渠的修建立下汗马功劳。普通的木板经岁月侵蚀，已不再坚挺。墨绿色的油漆在数次搬运转移中，也斑驳褪色。铁环上锈迹斑斑。

箱子盖内壁贴着一张字条，泛黄斑驳的纸页上，“收据”两个字隐约可辨，上面盖着红旗渠工程指挥部鲜红的印章。

在炸药箱的展品铭牌上面写着这样一段话：“工程指挥部人员长期在工地，无处存放生活用品。经指挥部研究，财务作价，指挥部工作人员买来废炸药箱存放生活用品，并把购买收条贴于箱子盖背面作证。”

20世纪60年代，红旗渠在林县（今河南省林州市）一穷二白的情况下上马开工，数万人在山上安营扎寨，吃住在渠线。工人们一月轮换一次，而指挥部的工作人员要常年坚守在一线，时间一长，他们随身携带的物品就多了起来，但工地条件艰苦，许多生活用品无处存放。

红旗渠特等劳模张买江回忆，那时候在渠上整天就用个包单包着些衣服。后来见有废炸药箱，有人就想，要是能用这箱子装随身物品，又整齐又方便。

尽管是废弃的，毕竟是公家的物品，让私人使用，是不是违反纪律？人们心里也没有主意。时任红旗渠工程指挥部的组织委员彭士俊听到群众的反映后，汇报给了指挥部总指挥长马有金。

在纪律面前，马有金是个爱较真的人，他说可以用，但每人只限一只，并且要作价购买。经过指挥部党委研究，决定每只废炸药箱作价七毛五，要求使用者把收据贴到废炸药箱的箱盖背面，以备随时检查；发现谁的箱盖背面没有收据，就以贪占公物论处。

据彭士俊生前自述："当时，炸药箱的价格跟猪肉价格差不多。我怕以后说不清楚，干脆把收据贴在箱子上。"

如今，这张收据依然贴在箱子盖上，接受着历史的检验。这一张普通的收据，不仅是红旗渠建设者坚持党性原则的合格证，也成了红旗渠建设账目明晰、制度严密的一个见证。

关于红旗渠工程，有这样一组数据：自1960年2月至1969年7月，总投资6865.64万元，累计消耗钢材123.5吨，水泥6705吨，炸药2740吨……工程账本中的每一笔账都有整有零、清晰可查。单从这组有整有零的数字，足以想象背后的工作是多么严格细致。

正是因为有了党员干部带头模范遵守党的纪律和相关制度，有了所有人“不贪占公物”的好风气，历时十年、投资几千万元的红旗渠工程，没发生一起挪用修渠资金行为，没有一个党员干部盗用修渠物资，没有一位领导同志为亲属谋取私利。

拿一只废炸药箱可以构成贪占公物问题，现在听来或许不可思议。但是，在红旗渠工程指挥部，废炸药箱确实成为用来衡量党性原则的标尺，成为印证共产党人的自律与清正的标志。半个多世纪前的红旗渠建设者们，像一面镜子，给我们做出了廉洁自律的榜样。

撰稿人/魏凯（河南省林州市融媒体中心）

讲述人/樊昌易（中国地质大学（北京））

75　焦裕禄读过的《毛泽东选集》

焦裕禄一生酷爱学习。早年间，他因家境贫寒，读书条件十分艰苦，有时候甚至没有钱来购买笔和本子。现实的残酷并不能阻止焦裕禄对知识的渴望，为了购买学习用品，他不仅经常放学后拎着柴刀去砍柴换钱，有时为了节省纸张，还用树枝在地上练习写字。然而，在世道不堪的旧社会，他终究还是没能逃脱被迫辍学的命运。

参加革命工作以后，在党的培养和教育下，焦裕禄更加认识到了学习的重要性。为了让自己成为一名合格的共产党员，无论走到哪里，他都会随身携带一本《毛泽东选集》。他经常教育身边的同志们："干劲不足的时候查思想，思想不通的时候就要加紧读毛主席的书。""不读报纸不知道天下大事，不看文件不能领会党的政策，不读毛主席著作就要迷失方向。""干革命工作嘛，总会有困难的。越是有困难，越要有雄心斗志，越有困难，越要学习毛主席著作。"在兰考工作期间，焦裕禄更是把毛泽东思想作为帮助自己战胜困难的制胜法宝，不管遇到什么难题，他都会翻开《毛泽东选集》，从中汲取智慧和力量。

一天，城关区党委书记孟庆凯找到焦裕禄，对他说：“当前干部的主要思想障碍是在自然灾害面前畏首畏尾，被困难压得抬不起头来。”两人谈了很久，最后决定在金营大队召开全区干部会，用毛泽东思想统一对灾害的认识，鼓舞斗志，解决思想问题。

第二天会上，焦裕禄拿出《毛泽东选集》，首先翻开《愚公移山》一文念给大家听。念完后，结合当前干部中存在的畏难情绪，他又发表了半个多小时的演讲，他说：“共产党和毛主席领导我国人民，以愚公移山的志气和决心，搬走了压在全国人民头上的‘三座大山’。现在，兰考人民头上还有‘三座大山’，就是风沙、内涝、盐碱。干部不领，水牛掉井。我们在座的干部都是改变城关区落后面貌的带头人，只要干部的思想问题解决了，新的‘三座大山’就好铲除。”焦裕禄的一席话，让大家听后心里亮堂堂的。金营大队党支部书记说：“咱们照毛主席说的，下定决心，拼死也要搬走这‘三座大山’。”窦寨的党支部书记说：“咱不要国家一分钱，自力更生，发动群众，挖掉灾根！”人们接连不断地用不同的语言，表示了共同的决心。大家思想统一后，焦裕禄趁热打铁安排部署城关区的除“三害”工作。

焦裕禄不仅坚持要求自己和身边的同志学习《毛泽东选集》，还要求自己的家人时刻学习。临终前，他把大女儿焦守凤叫到病床前，对她说：“小梅，要听妈妈的话，帮助妈妈带好弟弟妹妹，你参加革命工作了，爸爸没有什么送你，家里的那本《毛泽东选集》就作为你的礼物吧！毛主席会告诉你怎么工作，怎么做人，怎么生活……”焦裕禄逝世以后，人们在他病床的枕头下发现两本书：一本是《毛泽东选集》，一本是《论共产党员的修养》。焦裕禄将家里的那本《毛泽东选集》送给女儿，而病床上的这本便珍藏在了兰考县焦裕禄同志纪念馆中。

撰稿人/贾关青（焦裕禄干部学院）

讲述人/葛轩（铁道警察学院）

76 董必武题南湖诗

在浙江省嘉兴市南湖革命纪念馆中共一大代表生平事迹的展柜中，陈列着一副笔墨砚台。57年前，董必武曾用它们挥毫泼墨，感慨赋诗："革命声传画舫中，诞生共党庆工农。重来正值清明节，烟雨迷濛访旧踪。"董必武题写的这首诗语言朴实无华，情感深沉凝重，不仅浓缩了中国共产党宣告诞生的伟大历史意义，而且展现了他重访南湖寻觅旧踪、缅怀战友的激动心情。这幅墨宝是国家一级文物。

1964年4月5日，正值清明时节，78岁高龄的董必武同志专程来到嘉兴南湖视察工作。作为中共一大会议的亲历者，眼前熟悉的景象，触动了老人珍藏在心中的回忆。

1921年6月下旬，董必武和陈潭秋作为武汉共产党早期组织的代表，前往上海参加中国共产党第一次全国代表大会。因遭到袭扰，经一大代表李达同志的夫人王会悟建议，会议转移到嘉兴南湖的一艘游船上继续进行，最后完成全部议程，庄严宣告中国共产党的诞生。当年董必武35岁，是与会代表中第二年长者，后来有些一大代表这样描述他："为人淳朴，蓄着八字式的胡子，活像一个老学究，在谈吐中才表现出一个革命家的倔强风格。"会议期间，董必武报告了武汉共产党早期组织的情况，参与了大会文件的起草工作。

在南湖革命纪念馆筹建过程中，由于当年的南湖游船在抗日战争中已损毁不可寻，如何让1921年的那艘游船再现，又不得不提及董老。1959年初，当时的中共嘉兴县委宣传部将复原的红船模型及图纸报送中央有关领导同志审定，董必武仔细看了送来的船模后指出：船模式样是对的，只是大了些，新了些，漂亮了些；船模做得很精细，但不够逼真，复原工作应该"新工旧做，整旧如旧"。根据一大会议亲历者董必武同志提供的线索，经过多方查找考证，嘉兴方面还原了当年一大南湖开会的游船类型和样式，并精心仿制了一艘中型游船，即单夹弄丝网船，作为中共一大纪念船。1959年国庆节，这艘游船停靠在南湖湖心岛岸边的水面上正式陈列。

1985年6月，南湖革命纪念馆将董必武同志1964年题南湖的诗镌刻成碑，并建亭于中共一大纪念船东南面临水处，立碑于亭中，供人们瞻仰。历史沧桑，风云变幻，红船和诗碑遥相呼应，一起静静守望着烟波浩渺的南湖，向南来北往的游客们畅述那段值得深深铭记的建党历史。

撰稿人/袁晶（南湖革命纪念馆）

讲述人/顾叶恋（浙江大学）

77　让太空响起《东方红》的乐音装置

1965年，中央确定将人造卫星研制列为国家尖端技术发展的一项重大任务。对我国第一颗人造地球卫星“东方红一号”，中央提出了“上得去、抓得着、看得见、听得到”的总体技术目标。其中“听得到”就是卫星要播送音乐，且可被地面接收和听到。为了“让全世界人民都听到中国第一颗卫星的声音”，中央确定“东方红一号”要播送《东方红》乐曲。

“东方红一号”是我国自行研制的第一颗卫星，包括播送乐曲在内的所有的技术问题都没有任何经验可以借鉴。为了能从广袤的宇宙准确地传回《东方红》乐曲，科研人员付出了大量心血。

经过论证，科研人员认为，要实现用一个发射机交替传送《东方红》乐曲和遥测信号，唯一可行的方案就是采用电子乐音。卫星上天后，播送《东方红》乐曲一不能哑，二不能变调，而且要悦耳动听、播放可靠性高。用电子乐音模仿什么乐器的声音能够保证实现这些要求呢？经过广泛调研，科研人员选中了铝板琴的音色。

《东方红》乐曲前8节中，有6个不同的音，要用6个不同的“键”，科研人员用6个不同的高稳定度音源振荡器代替6个不同的“键”。同时，用程序来控制音源振荡器的发音和衰减，并混以谐波产生和音。就这样，产生了后来人们熟悉的类似铝板琴发出的乐音。

电子线路的所有元器件、材料和仪器既要承受发射时力学环境的考验，又要经受在宇宙空间特殊环境下工作的考验。为了防止这些特殊环境对乐音装置造成影响，科研人员采用了环氧树脂固封的方法。但是，令大家担心的问题还是出现了:《东方红》乐曲变调了!

事关重大，科研人员耗费数个日夜逐点逐级地对相关电路进行检查，终于发现了问题的症结。在上海科学仪器厂的配合支持下，科研人员改变了工艺和流程，终于解决了乐音变调这一难题。最后，科研人员将乐音设备和遥测电路板一起装进一个盒子里，乐音装置方才大功告成。

为了突出对人民领袖的热爱，乐音装置的正面镶嵌了一枚毛主席像章，周围还有像太阳光一样放射着的熠熠金光。像章的下方刻着“东方红”三个字，是按照毛主席的手书临摹而成。出于备份需要，当时制作了多台乐音装置。其中有一台跟随“东方红一号”卫星永久地留在了太空中，有一台就存放在乐音装置的研制单位——中国航天科技集团五院五〇二所。

按照预定计划，“东方红一号”卫星于1970年4月24

日晚成功发射，《东方红》乐曲响彻太空，传回神州大地的乐音铿锵有力、清晰悦耳。“听得到”的目标圆满实现。最终，“东方红一号”卫星在太空连续正常工作了28天，取得了大量的工程遥测数据，为后来的卫星研制与设计提供了经验和依据。

“东方红一号”卫星成功入轨，使中国成为世界上第五个自行研制和发射人造卫星的国家。它与核弹、导弹一起，被称为“两弹一星”，载入了中华民族伟大复兴的史册。

撰稿人/王一琳　薛英民（中国航天科技集团五院五〇二所）

讲述人/丁文浩（南京航空航天大学）

78　深藏三线建设记忆的纪念铁

在四川省攀枝花市中国三线建设博物馆，珍藏着一套1970年攀钢第一炉纪念铁（简称“七一”纪念铁）。这套纪念铁分为横式和立式两种样式，是攀枝花钢铁厂炼出第一炉铁水的纪念，也是中国三线建设历史的重要见证。

攀枝花是一座因国家三线建设而崛起的新兴工业城市。20世纪60年代，面对复杂的国内外形势，党中央立足加快社会主义建设、调整全国工业布局、巩固国防后方的战略高度，作出了三线建设的重大决策。攀枝花凭借得天独厚的资源优势，被确立为三线建设的重中之重。毛泽东强调“建不建攀枝花，不是钢铁厂的问题，是战略问题”，并亲笔批示建设攀枝花。邓小平到建设现场视察指导，称赞“这里得天独厚”，敲定钢铁基地选址方案，拉开了攀枝花开发建设的大幕。

在“备战备荒为人民，好人好马上三线”的时代号召下，三线建设者们打起背包、跋山涉水来到攀西大裂谷。他们风餐露宿、肩挑人扛，在无水、无电、无路、无住房等极端艰苦的条件下，发扬“艰苦创业、无私奉献、团结协作、勇于创新”的三线精神，历时5年，在不足2.5平方公里的坡地上，完全依靠自己的力量建成了新中国第一家大型钢铁企业——攀枝花钢铁厂，它在中国的钢铁工业中具有特殊地位。

攀钢出铁是攀枝花开发建设乃至三线建设的重要成就。经过一番紧张的战斗，1970年6月29日，攀钢炼出第一炉铁水。滚滚铁水从攀钢一号高炉奔涌而出，红彤彤的铁水映照裂谷，燃烧的火焰点亮天空，早已等候在炉前的近万名攀钢人欢呼雀跃。攀钢开启了用普通高炉冶炼钒钛磁铁矿的世界先河，完成了党中央、毛主席下达的1970年“七一”出铁的光荣任务。

出铁当天，上级组织要求设计制作一批纪念铁，由政工干部乐华侨指导制作。最初设计制作的一批纪念铁为横式，上面阳刻有“攀枝花”字样，经审查后就开始发放。发放出去之后，大家发现这个横式的不好保管，太大又比较重，随后又做了一批像公章一样立式的，方便保管。

2003年，乐华侨把他收藏的纪念铁捐赠给了当时正在筹建的攀枝花开发建设纪念馆。2020年，经专家评估定级，认定1970年攀钢第一炉纪念铁为国家一级文物。如今，这两块宝贵的纪念铁，成了攀枝花中国三线建设博物馆的“镇馆之宝”。

撰稿人/曾宗宾　李明成（攀枝花中国三线建设博物馆）

讲述人/郑钰科（四川大学）

79　迎来知识春天的准考证

在中国国家博物馆，珍藏着一张刘学红的北京市高等学校招生准考证，时间为1977年。这张准考证，重启了停滞11年之久的高考。当年，全国570万考生参加高考，录取新生27.3万。我国迎来了尊重知识、尊重人才的春天。

高考恢复了！ 1977年10月21日的《人民日报》被人们争相传阅。这个好消息犹如一记春雷，让成千上万的知识青年激动不已。他们在田间地头、在工厂车间、在牧场矿山重拾书本，看到了知识改变命运的希望。

1977年的中国，人才青黄不接。没有人才，怎么实现现代化？邓小平果断决策：恢复高考！

恢复高考的决策还要从1977年的一次座谈会谈起。那年8月初，中央召开科学和教育工作座谈会。一大早，时任武汉大学化学系副教授的查全性就来到会场，他在一张纸上打着草稿，也许是太激动，铅笔尖断了好几次。“招生，是保证大学教育质量的第一关。它的作用，就像工厂原材料的检验一样……”查全性的话，引起了与会者共鸣。

座谈会上，邓小平问道：今年是不是来不及改了？

大家表示，今年改还来得及，最多招考时间推迟一点。

邓小平当即指示，今年就要下决心恢复高考。他还在会上讲了关于科学和教育工作的几点意见。这篇讲话，使教育战线成为当时全国各条战线拨乱反正的先锋。

可是，此前全国高等学校招生工作会议已决定继续维持“自愿报名、群众推荐、领导批准、学校复审”的招生办法。怎么办？8月13日，根据邓小平指示，教育部再次召开全国高等学校招生工作会议。9月19日，邓小平和教育部主要负责同志谈话，希望教育部门的同志解放思想，争取主动。在他的大力推动下，迟迟定不下来的全国高等学校招生工作会议终于有了结果。

10月5日，中央政治局讨论通过了招生工作文件。10月12日，国务院批转教育部《关于一九七七年高等学校招生工作的意见》和《关于高等学校招收研究生的意见》两个文件，宣布当年立即恢复高考。

“高考恢复了！”整整11年，上山下乡的年轻人看到了新的希望。深秋正午，黑龙江集贤县生产建设兵团的大喇叭响起广播。知青尤劲东激动得说不出话来。北大荒的草垛上，他不知多少次哼唱着交响乐旋律，现在，改变命运的机会就要来了！

北京考生刘学红，以99分的作文成绩成了当年的文科状元，她的作文《我这战斗的一年》还登上了当时的

《人民日报》。最终，她被北京大学新闻系录取，毕业后供职于中国青年报。

1977年11月28日至12月25日，全国570万考生走进了高考考场。这场来之不易的考试，让无数人的命运发生了重大转变。

教育兴则国家兴，教育强则国家强。“多出人才、出好人才”的目标现在已经成为现实。今天，建设社会主义现代化强国的各条战线上，处处活跃着高素质人才的身影。

撰稿人 / 孙进军（《党建》杂志社）

讲述人 / 吕金蔚（中国人民大学）

80　18枚红手印：见证中国改革的一声惊雷

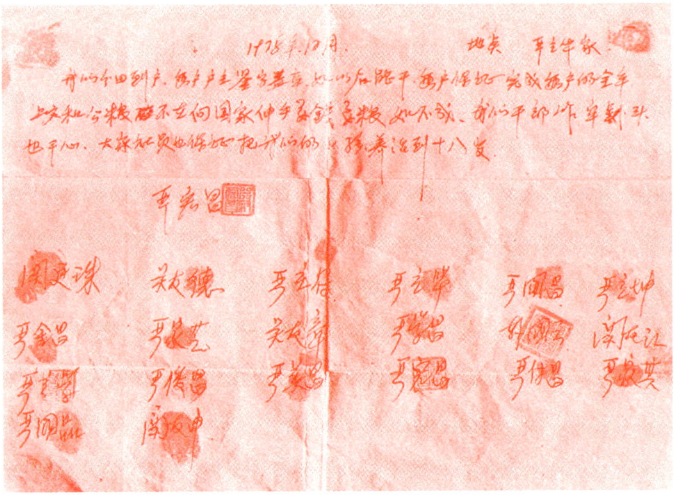

1978年12月　地点　严立华家

我们分田到户，每户户主签字盖章，如以后能干，每户保证完成每户的全年上交和公粮，不在向国家伸手要钱要粮，如不成，我们干部作牢杀头也干心，大家社员也保证把我们的小孩养活到十八岁

严宏昌

关廷珠　关友德　严立付　严立华　严国昌　严立坤

严金昌　严家芝　关友章　严学昌　韩国云　关友江

严立学　严俊昌　严美昌　严付昌　严家其

严国品　关友申

这份珍藏在中国国家博物馆里的“红手印”，见证了变迁，引领了时代。

1978年12月的一个冬夜，安徽省凤阳县小岗村18户村民以敢为天下先的勇气，在一纸分田到户的“秘密契约”上按下鲜红的手印：“我们分田到户，每户户主签字盖章，如以后能干，每户保证完成每户的全年上交和公粮，不在（再）向国家伸手要钱要粮。如不成，我们干部作（坐）牢杀头也干（甘）心，大家社员也保证把我们的小孩养活到十八岁。”

那时的小岗，“吃粮靠返销、用钱靠救济、生产靠贷款”，是远近闻名的“三靠村”，因经常闹灾荒，农民大多外出乞讨。

那天晚上，在村民严立华家摇摇欲坠的茅草房里，一盏油灯照亮了18个庄稼汉略显亢奋的脸庞。大家有的坐在草垫子上，有的蹲在地上，屋子中间有一张小矮桌，连茶杯都没有。

生产队副队长严宏昌开门见山地说：“大家都说说，有什么办法能让我们填饱肚子？”社员们立即七嘴八舌地议论起来。有的说：“小岗都穷到梢了，不分到户不行的！”

“绝密会议”开了3个小时后，严宏昌在一张皱巴巴的纸上写下这份契约，18位农民以中国最传统的方式按下了鲜红手印。“我们当时就是想活命，作为农民，只能向土地讨生活。”严宏昌说。

由于煤油灯光线昏暗，加之当时气氛紧张，这份具有历史意义的“生死契约”写得歪歪扭扭，句子既不连贯，也没有标点符号，而且还有多个错别字。但是，这18位村民万万没有想到，他们因饥饿而被迫立下的这份“生死契约”，竟成了中国农村改革的第一份宣言书。

会议一结束，生产队的土地、农具、耕牛等便按人头分到了各家各户，轰轰烈烈的“大包干”由此拉开序幕。而由这18枚红手印催生的家庭联产承包责任制，作为中国现代农业的一种生产经营方式，不仅直接调动了广大农民的积极性，还又一次解放了生产力，为中国改革开放的乐曲写下了辉煌的第一乐章。

包产到户的第二年，小岗村迎来了丰收季，粮食总产量相当于1955年到1970年产量的总和，人均收入达400元，相当于1978年22元的18倍，结束了全村20多年吃国家救济粮的历史，还首次归还了800元的国家贷款。

“大包干”的红手印，定格了中国农村改革的起点，唤醒了沉睡的大地。小岗村的星星之火，迅速燃遍全国。“敢闯、敢试、敢为天下先”，小岗人闯出了一片新天地。

2016年4月25日，习近平总书记在小岗村考察时曾感慨道：“当年贴着身家性命干的事，变成中国改革的一声惊雷，成为中国改革的标志。”2018年，党中央、国务院授予小岗村“大包干”带头人“改革先锋”称号，并颁授“改革先锋”奖章。

撰稿人／王碧薇（《党建》杂志社）

讲述人／叶纹笑语（北京外国语大学）

81　新中国第一张股票——“小飞乐”

在上海市虹口区中国证券博物馆里，有一件编号为SZ0000191—2的藏品，这是一张上海飞乐音响公司股票，它是新中国第一张真正意义上的股票，是中国证券市场发展成长的见证，是社会主义市场经济建设取得阶段性成果的见证。

1984年7月，上海市颁布了一个地方性法规《关于发行股票的暂行规定》，上海飞乐电声总厂抓住机遇，成了第一个“吃螃蟹”的企业。就在这一年的11月14日，经中国人民银行上海分行批准，由上海飞乐电声总厂、飞乐电声总厂三分厂、上海电子元件工业公司、工商银行上海市分行信托公司静安分部发起设立上海飞乐音响股份有限公司，向社会公众及职工发行股票。总股本1万股，每股面值50元，共拟筹集50万元股金，其中35%由法人认购，65%向社会公众公开发行。飞乐音响成为上海市第一家股份制企业，也是上海市首家向社会公开发行股票的公司。

飞乐音响股份公司这次发行的股票，没有期限限制，不能退股，但可以流通转让，这意味着它已经成为我国改革开放新时期第一张真正意义上的股票，实现了我国证券市场零的突破。

发行股票的当天，热心的市民早早来排队购买股票，认购队伍排成了一眼望不到头的长龙，盛况空前。第二天，上海《新民晚报》在头版位置发表了关于飞乐音响开业的报道，飞乐音响公司从此一举成名天下知。股民们习惯地把飞乐音响公司股票称为“小飞乐”。

1986年11月14日，在北京人民大会堂，邓小平将一张面额为人民币50元的上海飞乐音响公司股票赠送给美国纽约证券交易所董事长约翰·凡尔霖。一下子，这张“新中国第一股”让世界为之轰动，让世界看到了中国正在涌动的改革春潮。

“小飞乐”在我国股份制试点历史中创造了四个“第一”。飞乐音响股份是上海市首家向社会公开发行股票的公司。飞乐音响于1986年9月26日与延中实业两只股票率先在证券部进行柜台交易，这是我国改革开放以来第一次实行的股票买卖交易。“小飞乐”股票成为第一张被外国人拥有的股票，凡尔霖成为中国上市公司第一位外国股东。“小飞乐”经批准于1989年3月第一次增资扩股，采取对老股东无偿增资的方法，这是国内股份制度中第一次实行无偿增资。

经过30多年的改革发展，我国资本市场经历了从无到有、从弱到强的发展历程，截至2021年5月14日，A股共有上市企业4302家，总市值达88.24万亿，我国资本市场逐渐成为全球资本市场不可或缺的一部分。

1984年，中国第一张股票问世时，我国GDP总量为7278亿元人民币，到2020年，我国GDP总量首次突破100万亿元人民币，与1984年相比，增长了将近140倍，国家经济实力不断增强，人民生活水平不断提高。中国资本市场的30多年，是中国经济快速发展的30多年，资本市场始终立足于服务国民经济发展，为推动经济体制改革，促进国民经济和社会发展作出了突出贡献。

撰稿人/刘文韬（《党建》杂志社）

讲述人/王天艺（上海财经大学）

82　老一辈无产阶级革命家为《党建》杂志题词

在中共中央宣传部档案室里，珍藏着邓小平等老一辈无产阶级革命家为1988年1月创刊的《党建》杂志题写的刊名和多幅题词，它们体现了党中央和中央领导同志对加强党的建设的高度重视和对《党建》杂志的亲切关怀。

十一届三中全会以后，各级党组织越来越重视加强党的建设和党员教育工作，许多地方和部门陆续恢复和创办了一些党的刊物。“中央宣传部应该办一份党的刊物”，不少党务工作者表达了这样的心声。

终于，这一心愿有了实质性进展。1987年7月，中宣部开始酝酿创办一份党刊，为推动党的建设和党员教育工作提供高端、权威的阵地和平台。9月，中宣部决定1988年1月出版创刊号，定名为《党建》，并在新闻出版署办理了期刊登记手续。

在筹备办刊的同时，中宣部有关部门邀请邓小平等中央领导同志为《党建》杂志题写刊名和题词。老一辈无产阶级革命家高度重视、大力支持《党建》杂志的创刊工作。1987年11月，陈云、彭真、徐向前和聂荣臻送来题词。陈云同志的题词为“提高党员素质，搞好党的建设”，彭真同志的题词为“发挥党员在社会主义和国家各项事业中的模范带头作用”，徐向前同志的题词为“发扬党的优良传统，加强党的建设”，聂荣臻同志的题词为“宣传党的路线，振奋党员精神”，这些题词都刊登在《党建》杂志创刊号上。1988年1月23日，杂志社收到了邓小平同志题写的“党建”二字的刊名。接着，李先念和杨尚昆也送来了题词，李先念同志的题词为“做社会主义现代化建设的先锋战士”，杨尚昆同志的题词为“增强党性锻炼”。从1988年第3期起，《党建》杂志以邓小平同志亲笔题写的“党建”为刊名。在这一期上，刊出了李先念、杨尚昆的题词。

刊名和题词，字字句句饱含着老一辈无产阶级革命家对新生的《党建》杂志的殷切期望，为杂志办刊明确了方向，提供了遵循。

《党建》杂志开展征订工作是在1987年10月。由于时间已晚，起初预估订数为5万份。然而，到了12月中旬，订数就达到了12万份。最后决定创刊的第一期印数为17万份。结果还是不够，又进行了加印。到1988年3月，杂志的订阅数达到30多万份。这说明《党建》杂志的创刊恰逢其时，各级党组织和广大党员热切期待。

由于刊物的影响不断扩大，应广大读者要求，中宣部决定，从1988年3月起，《党建》杂志由内部发行改为公开发行。

30多年来,《党建》杂志始终牢记邓小平等老一辈无产阶级革命家的殷殷嘱托，始终坚持党刊姓党的根本原则，始终坚持开拓进取、质量为先，已成为传播党的主张、阐释党的理论、宣传先进典型、交流党建经验、反映人民心声的重要思想理论阵地，受到各级党组织、广大党员干部和人民群众的普遍欢迎。

撰稿人/刘文韬(《党建》杂志社)

讲述人/李天宁(中央司法警官学院)

83　一件“父承子业”的救生衣

在李向群纪念馆里，珍藏着一件特殊的救生衣，它见证了1998年抗洪中李向群始终战斗在一线直至牺牲的伟大壮举，谱写了一段“堤在人在、誓与大堤共存亡”的壮丽史诗，同时也记载了李德清“父承子业”，在儿子李向群牺牲后加入救灾队伍替儿抗洪的感人故事。

这件橘黄色的救生衣在展厅里面十分显眼。救生衣的正面油印着“塔山”两个白色大字，“塔”字下面写的是：“抗洪抢险”“驻桂部队五三零一四”，“山”字下面则是两个名字：李向群、李德清，这是李向群和他的父亲李德清的亲笔签名。

1998年夏天，我国长江流域发生了百年一遇的特大洪涝灾害。李向群所在部队奉命抗洪抢险，休假在家的他主动提前归队，随部队赴湖北省公安县南平镇抗洪抢险。由于水性好，李向群主动请求加入了抗洪抢险突击队。每次堵管涌，李向群总是第一个抱着沙包往下跳，他还多次跳进漩涡不断的滔滔江水，查堵渗水洞，排除险情。

1998年8月14日，李向群光荣地加入了中国共产党，成为全团第一批“火线”入党的战士。当天晚上，李向群郑重地在救生衣的背后写下四个大字：全力以赴。

8月16日夜，大雨再次瓢泼而至，李向群和战友们又冲上了大堤。此时部队已经连续奋战了10天，洪峰一个接着一个，大堤险情不断，官兵们毫无喘息之机。17日上午，洪峰过去了，大堤保住了，已连续奋战了14个小时的李向群感到头晕发热，坚持到下午，最终晕倒在地，体温高达40℃。19日14时许，公安县南平镇天兴堤发现管涌，正在输液的李向群听到紧急集合哨音，拔掉针管、奔向大堤、扛起沙袋就跑。然而，连扛数十包沙袋后，他脚步踉跄，脸色发青，再次晕倒在大堤上。

21日8时许，南平镇中豆段出现内滑坡，听到紧急集合的哨音，李向群又从病床上爬起来，趁指导员不注意，继续加入了抗洪队伍。这一天，公安县的气温达到了37度，骄阳似火，时针指向10点30分，李向群又扛起一袋沙包快速冲向大堤，但就在距离大堤顶部不到一米的地方，他缓缓倒下，这是他人生中扛起的最后一袋沙包。8月22日上午10点，李向群经抢救无效壮烈牺牲，年轻的生命永远定格在了20岁。

李向群的父母匆匆从老家赶来，却再也见不到儿子熟悉的笑容。儿子离去的悲痛尚未散去，李德清的内心却在思考着：儿子虽然走了，但洪水正在肆虐，抗洪任务还没完成。于是，在征得部队领导的同意后，李德清穿上了写有“李向群”名字的救生衣，并在上面写下了“李德清”三个字，父承子业，替儿子完成未竟的抗洪任务。

年仅20岁，入伍仅20个月，入党仅8天，李向群用短暂而辉煌的人生诠释了革命军人的责任与担当。李向群牺牲后，他被原广州军区授予“抗洪勇士”荣誉称号，被中央军委评为“新时期英雄战士”，并荣列全军挂像英模。他生前所在班被原广州军区授称“李向群班”，他生前所在连被原广州军区授称“李向群连”。而李向群身上展现出的“家富不忘报国、矢志不渝为民”的精神，更是成为激励一代又一代人不忘初心、砥砺奋进的精神“灯塔”。

撰稿人/黄凯　黎阳（中国人民解放军31633部队）

讲述人/李航（广西大学）

84 “入世槌”：见证中国加入世贸组织

中国国家博物馆珍藏着一柄并不起眼的小木槌。然而，就是这柄小木槌，见证了中国加入世界贸易组织（WTO）的大事件。所以，它也被人们称为“入世槌”。

世界贸易组织与世界银行、国际货币基金组织并列，是最具广泛性的三大国际经济组织之一，被喻为“经济联合国”。进入20世纪80年代中期后，能否加入以WTO为基石的多边贸易体制，成为衡量一个国家是否负责任地加入国际社会、该国经济是否与世界经济衔接的重要尺度。

改革开放以来，特别是推动建设社会主义市场经济体制以来，我国经济实力明显增强，在诸多领域已具备了参与国际分工与竞争的能力。但因长期被排斥在世界多边贸易体系之外，我国不得不主要依靠双边磋商和协议来协调对外经贸关系，国内企业和产品在进入国际市场时受到了许多歧视性或不公正待遇。

获得WTO一个席位，就等于拿到了国际市场的多张通行证，不仅有分享经济全球化成果的权利，还能够参加制定有关游戏规则，在建立国际经济新秩序中把握主动权，并可以利用WTO争端解决机制在国际贸易战中占据有利位置。

中国入世谈判是一个艰辛而漫长的历程，从1986年一直延续到2001年。经过15年的艰难谈判，终于完成所有入世要求，中国实现了成为世界经贸大家庭一员的愿望。

2001年11月10日，在卡塔尔首都多哈，正在召开世界贸易组织第四次部长级会议。当地时间18时38分，一柄小小的木槌敲开了中国加入WTO的大门。

敲槌的是会议主席——卡塔尔财政、经济和贸易大臣卡迈勒，随着他手起槌落，中国入世一槌定音。他说："这个晚上很特殊，中国作为世界的1/5加入WTO，未来许多贸易日程会将中国包括在内，再次祝贺中国人民！"欧盟贸易代表拉米在随后的发言中说："中国加入WTO是WTO历史上的伟大飞跃。"

会后，参与此次报道的北京晚报特派记者郭强、侯振威，经与大会工作人员沟通后，将那柄木槌带回了祖国。遗憾的是，由于记者当时心情激动，以至于忘了带回木槌的配套物——一个圆木盘，所以现在收藏在中国国家博物馆中的只有一柄木槌，而它的另外一半则永远留在了多哈。

经过一个月的过渡期后，中国正式成为WTO第143个成员。2001年12月12日，京报集团举行了隆重的捐赠仪式，将"入世槌"正式捐赠给中国革命博物馆（今中国国家博物馆）。后因《复兴之路》展览，“入世槌”成为国博常设展品。

中国加入WTO，有利于我国参与国际经济合作、国际分工和国际竞争。通过加入WTO，我国进一步完善了社会主义市场经济体制，实现了产业升级和经济结构调整，整体经济实力显著增强，人民生活水平极大提高。

撰稿人 / 刘文韬（《党建》杂志社）

讲述人 / 杨婧羽（外交学院）

85 “感动中国特别奖”：百万移民奉献三峡工程

在位于重庆市渝中区人民路236号的重庆中国三峡博物馆里，收藏着一组特别的文物——“感动中国——2002年度人物”特别奖的证书和奖杯。文物下方的说明词是：“纸质、金属质，宣传奖章类。高43厘米，底座边长16厘米。接受捐赠所得。”这组文物，是举世瞩目的三峡工程的历史见证。

三峡工程的论证和开工经历了一个漫长而艰难的过程。经过全国412位专家学者半个世纪的论证后，1992年4月3日，第七届全国人民代表大会第五次会议通过了《关于兴建长江三峡工程决议》，至此，三峡工程终于迎来开工兴建的历史性时刻。因工程建设需要，库区131万人迁离家乡，到新的地方定居。

三峡工程能否顺利推进，关键在移民，而移民的重点在重庆。在浩浩荡荡的庞大移民队伍中，既有已过耄耋之年、白发苍苍的老者，又有呱呱坠地、还未满月的婴儿。三峡移民前后历时17年，人数超百万。人们陆续踏上外迁的征程，上演了空前的大迁移。

在搬迁过程中，涌现出许许多多感人肺腑、催人泪下的事迹和人物，再捧一抔热土，再祭一次祖坟，装上一棵黄桷树苗，带走一瓶红辣椒酱……

“有事找共产党员”，这是流传在移民当中最熟悉、最亲切的一句话。在迁移工作中，广大党员移民干部，牢记全心全意为人民服务的宗旨，将移民群众视作亲人，千方百计为广大群众排忧解难，殚精竭虑、呕心沥血，有些甚至献出了宝贵的生命。

2003年2月14日，中央电视台《感动中国》栏目将最重要的一个特别奖颁给了三峡百万移民，这是获奖人数最多、分量最重的奖项。《感动中国》人物评选委员会给三峡百万移民的颁奖词是：

三峡百万移民：

携妻执子，远离故土，举家迁移，告别祖辈的家园，你们向故乡作最后的凝望，把眷恋深藏在心底。你们割舍个人的情感和利益，为的是成就几代中国人高峡出平湖的梦想，为的是造福更多的后代子孙。

2003年7月3日，三峡百万移民获得的“感动中国——2002年度人物”特别奖的证书和奖杯，正式被重庆中国三峡博物馆永久收藏。

正是百万移民的深明大义，艰苦奋斗，坚决响应党和国家的号召，牺牲小家的利益来保证国家的利益，才使功在当代、利在千秋的三峡大坝顺利建成。

三峡工程充分证明党中央、国务院的决策是正确的，建设是成功的，充分体现了中国共产党全心全意为人民服务的根本宗旨，充分彰显了中国特色社会主义制度的巨大优越性。

三峡工程不愧为彪炳千秋的伟大工程！

撰稿人／刘华成（重庆中国三峡博物馆）

讲述人／赵鹏超（华中师范大学）

86　一张油画，再现邓小平南方谈话谱写的壮丽诗篇

在中国国家博物馆基本陈列《复兴之路》中展出的一幅油画作品《小平南巡》，特别引人注目。画面中，邓小平同志坐在南下的列车上，静静地望着窗外，表情十分凝重。油画创作于2003年，作者是陈继武。这幅油画，又把我们带回到了1992年邓小平同志南方谈话这一重大历史事件中。

1992年1月18日至2月21日，邓小平同志先后到武昌、深圳、珠海、上海等地视察，并发表了一系列重要讲话，通称南方谈话。

视察南粤路线的时间是1992年元旦，时任广东省委副秘书长的陈开枝到南海检查工作，忽然接到省委书记谢非同志打来电话，讲了一句只有他听得懂的话："我们盼望已久的老人家要来了，请你赶快回来研究一下总体安排和接待警卫工作。"陈开枝一听，明白邓小平同志要来了，心里十分高兴。1984年，邓小平同志第一次视察南方时，陈开枝曾荣幸地见过他，如今事隔八年又能再见到他老人家，聆听他的教诲，喜悦之情溢于言表。

当陈开枝赶回广州，拿起中央办公厅给广东省委的电报一看，只有短短的两行字：小平同志要到南方休息，请做好安全接待工作。凭着直觉，陈开枝心想：老人家到广东不只是来休息的，也不完全是为了看看南方改革开放的成就。他预感到，又一次历史性的事件即将发生，于是，他马上找几个人来研究方案。1月3日，一个由邓小平同志办公室三人组成的先遣组抵达广州。见了面，他们还是说："小平同志是来休息的。"因此，他们提出，既要让邓小平同志看看广东改革开放的新成就，又要考虑他已是87岁高龄的老人，不要过于劳累。他们提出的视察方案是：深圳—珠海—深圳—上海。

陈开枝向他们建议，在确保安全和考虑邓小平同志健康的情况下，一定要让他多看看，让他坐下来多谈谈。不能视察完珠海就坐船回深圳，一定要看看珠江三角洲，因为珠江三角洲变化很大。于是，他提出的视察路线是：深圳—珠海—珠江三角洲—广州—上海。最终，邓小平同志办公室研究决定采用了此方案。

1月19日上午9时整，邓小平同志的专列驶进深圳火车站，广东省委书记谢非和深圳市主要负责同志在火车站热情迎接邓小平同志。按原定计划，邓小平同志千里迢迢来到广东，旅途劳累，他抵达深圳第一天上午是安排休息的。没想到，邓小平同志进入房间片刻就出来对陈开枝说："到了深圳，坐不住啊！你快点叫车，让我出去看看吧！”随即，邓小平同志一行乘车直奔皇岗口岸。

视察完皇岗口岸，邓小平同志一行随后乘车参观了深圳市市容。沿途，一片繁华景象：宽阔的马路纵横交错，花木夹道，绿树成荫；高楼大厦巍然耸立，鳞次栉比。他的脸上露出了欣喜的笑容。他说：“八年过去了，这次发现深圳特区和其他一些地方发展得这么快。这是我没有想到的，看过以后信心增加了。”当谈到创办经济特区问题时，他又说道：“对办特区，从一开始就有不同意见，担心是不是搞资本主义。深圳的建设成就，明确回答了那些有这样那样担心的人，特区姓‘社’不姓‘资’。从深圳的情况看，公有制是主体，外商投资只占1/4，就是外资部分，我们还可以从税收、劳务等方面得到益处嘛！多搞点‘三资’企业，不要怕。”他接着尖锐地批评道：“有的人认为，多一分外资，就多一分资本主义，‘三资’企业多了，就是发展了资本主义。这些人连基本常识都没有。”

在整个南方谈话中，邓小平同志精辟地阐述了计划和市场的关系问题。他说：“计划多一点还是市场多一点，不是社会主义与资本主义的本质区别。”“社会主义的本质，是解放生产力，发展生产力，消灭剥削，消除两极分化，最终达到共同富裕。”

邓小平南方谈话，针对人们思想中普遍存在的疑虑，重申了深化改革、加速发展的必要性和重要性，并从中国实际出发，站在时代的高度，深刻地总结了十多年改革开放的经验教训，在一系列重大的理论和实践问题上，提出了新观点，讲出了新思路，开创了新视野，将建设有中国特色社会主义理论与实践，大大地向前推进了一步。

撰稿人／孙进军（《党建》杂志社）

讲述人／余弘扬（深圳大学）

87　圆梦飞天的神舟五号飞船返回舱

在中国国家博物馆基本陈列《复兴之路》中，有这样一个非常吸引人的展区："飞天揽月——实现中华民族千年梦想"，其中，馆藏的神舟五号等珍贵文物展示了我国在航空航天领域取得的伟大成就。

新中国的航天工业起步于1956年，迄今已经达到了相当的规模和水平。作为世界上少数独立掌握空间技术的大国之一，中国为人类航天事业的发展作出了重大贡献。

载人航天研究的历史可以追溯到1970年7月，"东方红一号"卫星上天不久，我国科学家就上报了关于发展载人航天的报告。1992年9月21日，中央正式批复载人航天工程可行性论证报告，标志着中国载人航天工程正式立项，代号为"921工程"。

1999年11月20日，我国自主研制的第一艘航天试验飞船神舟一号发射成功，经过21小时11分的太空飞行，顺利返回地球。

2001年1月10日，神舟二号无人飞船发射升空，并按照预定轨道在太空飞行了近7天，环绕地球108圈，完成了预定空间科学研究任务。

2002年3月25日，神舟三号发射成功。其已具备航天员逃逸和应急救生功能，并改进和完善了降落伞系统。

2002年12月30日至2003年1月5日，技术状态与载人飞行完全一致的神舟四号成功发射并顺利返回，这是我国实施载人航天工程的最后一次无人飞行试验。

经过4次无人飞行试验后，2003年10月15日9时，我国用长征二号F型运载火箭在甘肃酒泉卫星发射中心成功发射了第一艘载人飞船——神舟五号，航天员杨利伟搭乘该飞船进入太空，绕地球飞行了21小时、14圈后，于10月16日6时顺利在内蒙古自治区着陆。中华民族千年的飞天梦想由此实现，这也标志着我国成为世界上第三个实现载人航天的国家。

自神舟五号载人飞船成功发射并顺利返回后，航天文物的收藏成为众多博物馆瞩目的焦点。中国国家博物馆终于在2004年9月征集到神舟五号载人飞船返回舱、主降落伞、航天员杨利伟穿过的舱内航天服等珍贵文物。

神舟五号载人飞船由推进舱、轨道舱、返回舱和附加段组成。返回舱是飞船唯一返回地球的舱段，它重3吨多，通高250厘米，直径250厘米，外形呈钟形。航天员在飞船的发射阶段和返回阶段都必须乘坐返回舱。经过这次非同寻常的太空之旅，返回舱因烧蚀留下了斑斑印记，舱体已呈暗褐色。返回舱是飞船的指挥控制中心，舱内安装了飞行中需要航天员监视和操作的各种仪器设备，它们显示了飞船的工作情况，以便航天员随时判断了解飞船，在必要时人工干预飞船的系统和设备的工作。

神舟五号载人飞船的此次飞行，是中国航天事业在二十一世纪的一座新的里程碑。

撰稿人 / 孙进军（《党建》杂志社）

讲述人 / 张若邻（华中科技大学）

88　追授“人民健康好卫士”梁世奎的白求恩奖章

在中国国家博物馆，珍藏着一枚白求恩奖章，这是原国家人事部、卫生部、解放军总政治部于2003年5月追授给因抗击非典光荣殉职的梁世奎医生的。白求恩奖章设立于1991年，以著名国际人道主义医生白求恩名字命名，是国家对卫生系统模范个人的最高行政奖励，授予具有高尚的医德医风、精湛医术，并在工作中作出卓越贡献的医务人员。奖章铜质，通长9.5厘米，直径5厘米，2003年11月由梁世奎亲属捐赠给中国国家博物馆。

2003年2月中下旬，一场突如其来的非典型性肺炎疫情开始在局部地区流行，3月上旬迅速在华北地区传播和蔓延开来，至4月中下旬已经涉及全国26个省、自治区、直辖市。

危急时刻，党中央、国务院坚持把人民群众身体健康和生命安全放在第一位，科学决策，统筹协调，调动一切力量，坚决抗击非典疫情。全国各族人民大力弘扬万众一心、众志成城，团结互助、和衷共济，迎难而上、敢于胜利的精神，举国上下紧急动员，坚持群防群控，携手打响了抗疫阻击战。

在这场没有硝烟的战役中，白衣战士始终冲在第一线，他们临危不惧，迎难而上，将自己的生死置之度外，表现出高尚的革命情操和人道主义精神。梁世奎就是其中的优秀代表。

1946年6月9日，梁世奎出生于山西省太原市。1970年大学毕业后被分配到山西省人民医院工作，曾受原卫生部派遣参加援喀麦隆中国医疗队。他在工作中一直兢兢业业，严格要求自己。急诊科事务繁杂且危险，可他一干就是13年。他在急诊科年龄最大，职务、职称最高，而且身患糖尿病、高血压，但当非典来袭时，他深知治病救人是每一位医生义不容辞的天职，自己没有理由退缩。他表示："对这个病，我就是一道堤坝。""这里危险，我有经验，让我来！"

急诊科是抗击非典的前沿阵地，从收治第一名非典患者起，梁世奎就冲锋在前。2003年3月23日，一位患者来到急诊室。后来，这名患者病情转危，呼吸窘迫，生命垂危，必须切开气管进行给氧治疗。稍有医学知识的人都知道，气管切开后，积蓄胸腔的病毒会大量涌出，在场者被感染的概率很高。深知病况凶险的梁世奎，依然冲在第一线，采集患者病史，组织专家会诊，实施治疗方案。正是这一次救治，使他不幸身染病毒。

住院期间，梁世奎顽强地与病魔作斗争。当山西省政府、卫生厅和医院的领导先后前去慰问他时，他心中挂念的还是其他病人和他的战友，请领导转达对他们的问候。4月24日上午8时10分，梁世奎因抢救无效光荣殉职。

梁世奎的先进事迹引起党中央、国务院和山西省委、省政府的高度关注，相继追授他“白求恩奖章”“人民健康好卫士”“全国优秀共产党员”“全国五一劳动奖章”等荣誉，省政府追授他为革命烈士，以表彰和铭记他在抗击非典战役中所作出的杰出贡献。

在党中央、国务院和中央军委的坚强领导下，全国人民勠力同心，这场非典疫情很快得到了有效控制，我国抗击非典工作取得了重大胜利。

撰稿人/安跃华（中国国家博物馆）
讲述人/刘屹霄（北京协和医学院）

89　第一个全国文明城市的“勋章”

江苏省张家港市档案馆珍藏着一块“金字招牌”，实木、银底、红字，这就是第一块“全国文明城市”牌匾，一座城市的文明勋章。荣誉的背后，是百万港城人民不甘落后、砥砺奋进争创文明城市的奋斗故事。

张家港市的前身是成立于1962年的沙洲县，1986年撤县建市。当时，在苏州下属的6个县市当中，张家港长期倒数第一，可谓“一穷二白”。

穷则思变。面对现实，张家港人不甘落后，奋起直追，乘着邓小平南方谈话的东风，办起了乡镇企业，争取到国家级保税区，修通了张杨公路……短短两年时间里，一口气夺得28个“全国第一”，更砥砺出“团结拼搏、负重奋进、自加压力、敢于争先”的张家港精神。

然而，20世纪90年代初的张家港，城乡居民环境卫生意识淡薄，脏乱差现象随处可见，人员素质亟待提高。物质文明上去了，精神文明也不能落后！

1994年，张家港市率先喊出了创建“全国文明城市”的口号，以环境卫生整治为突破口，掀起了一场全城行动、全民参与的“扫帚行动”。

80万张家港人靠着一把把扫帚，扫除了陋习，扫掉了“脏乱差”，扫来了国家卫生城市的殊荣，更扫出了干事创业的精气神。文明细胞被激活了，从城区到村镇，从单位到家庭……人们铆足了劲，凡事都要当“最文明”的那一个。

实行垃圾袋装化、城区禁放烟花爆竹、公共场所禁止吸烟、禁烧麦秸、闯红灯者要身穿黄马甲执勤……

1995年10月，全国精神文明建设经验交流会在江苏省张家港市召开，“张家港精神”和“张家港经验”走向全国。1997年，张家港市被中宣部正式确定为“全国文明城市创建示范点”。1999年，张家港市又被中央文明委授予首批“全国创建文明城市工作先进城市”称号。2005年10月，第一批全国文明城市名单发布，张家港赫然在列，成为全国唯一获此殊荣的县级市。

全国文明城市是张家港熠熠生辉、无比珍贵的城市荣耀。在城市精神文明建设的持续涵濡浸润下，越来越多的张家港人发自内心地帮助他人、服务他人，跟着城市的脚步一起成长。

张家港是文明城市建设梦想开始的地方，更是用实际行动推进“两个文明”协调发展的实践者和引领者。从摘得第一块全国文明城市“金字招牌”，到如今成为唯一6次荣膺全国文明城市的县级市，全民全域的精神追求、价值认同，锻造出城市的非凡气质、硬核实力。站在新的时空坐标系，张家港再一次以无畏的勇气抢先探路，扛起“打造文明城市策源地、争当现代文明城市典范”的使命担当。

不负时代、不负光阴，张家港将围绕“争当表率、争做示范、走在前列”奋斗指向，聚焦打造文明城市“升级版”，把人民满意作为第一标准，乘势而上争创全国文明典范城市，全力以赴让张家港这方“文明高地”，崛起为更具影响力、辐射力、引领力的“文明高峰”。

撰稿人 / 朱艳（江苏省张家港市委）

讲述人 / 杨雯迪（东南大学）

90　一双布满血痕的手套

在位于四川省成都市的建川博物馆“汶川大地震”展区，陈列着一双满是血痕的手套，仿佛在诉说着那段刻骨铭心的故事。这双手套来自原济南军区“铁军”部队，戴着这双手套的“铁军”官兵曾清理过废墟，抢运过粮食，搭建过板房……

2008年5月12日，四川汶川发生8.0级地震，处于地震中心的汶川顷刻之间成为一片废墟，残垣断壁，满目疮痍，人民群众的生命财产安全遭受巨大威胁。

灾情就是命令。在灾区人民最需要的时候，“铁军”部队临危受命，千里驰援挺进汶川，到达灾区后第一时间展开救援。千万人倒下去，无数个英雄站了起来，在“铁军来了”的大旗下，他们用生命搭起生命的阶梯。

其实，这双手套代表每一名参加抗震救灾的“铁军”官兵，他们用双手完成了一次次生命的举托，他们始终奋战在一线，与时间赛跑，与死神斗争，想尽一切办法，全力营救被困群众。

战士王顺刚抵达彭州救助站，就接到搭建200顶帐篷的任务，和他搭档的只有一名新兵，时间紧、任务重，他埋头苦干，短短几个小时就磨破了三双手套；四级军士长齐建磊排查中发现，一栋三层楼上有微弱的生命迹象，如果上楼搜救，随时都会有生命危险，但他仍毅然上前；还有一名扭伤脚的老班长，肩上扛着一袋米、胸前挂着一箱药，他本可以放下物资空手回来，却选择了咬牙坚持，尽最大努力为战友带来给养物资。

当时余震不断，残垣断壁随时有倒塌的危险。战友们撒网式展开救援后，战士安乐听到废墟中有人敲击木板的微弱求救声，没有工具，他便用双手挖开断裂的水泥板和碎玻璃碴，皮磨破了、指甲断了，他浑然不觉，当时他只有一个念头，就是“救人！救人！”历时五个多小时，最终成功将被困女孩宋燕梅救出，成为原济南军区徒手救出被困群众的第一人。

到达灾区后，战士武文斌就一直奋战在抗震救灾一线。转移群众，他肩扛背驮走在最前面；搜救失事飞机，他不畏艰险，先后三次滚下山坡；灾后重建，他一个人干几个人的活，身上多处被划伤，多次累倒在救灾一线。最终，他因过度劳累导致肺部出血，经抢救无效牺牲在战斗岗位上，被中央军委授予“抗震救灾英雄战士”荣誉称号。

据不完全统计，在汶川特大地震抗震救灾中，解放军陆、海、空部队及武警部队等总计投入兵力16万人，民兵预备役人员投入7.5万人。如今，这片曾破碎的土地重获新生，山河巍然挺立，生命向阳而生。时间消磨了伤痕，成为前进的碑铭，但有一种力量从未被消磨，反而历久弥新，永远铭刻在人们心中，那就是广大解放军指战员对党的无限忠诚和对人民的无限热爱。

撰稿人/相甲奇（中国人民解放军陆军第八十二集团军“铁军旅”）
讲述人/梁于益（电子科技大学）

91　映照初心的笔记本

日升月落，春秋轮回。在沈飞航空博览园罗阳纪念馆内，有一本学习笔记显得格外珍贵，因为它记录着一位航空赤子不断修身克己、誓为祖国航空事业奉献终生的心路历程。

罗阳是歼-15研制现场总指挥、沈飞集团公司掌舵人。参加工作以来，他始终奉行“重要工作不分身、关键时刻不分心、重大节点不分神”的原则，全身心投入我国航空事业中。

飞鲨出海，云端铸剑。航母一直是国人的期盼，而舰载机则是其战斗力的核心。2009年，歼-15飞鲨的研制进入关键阶段。由于白天太过忙碌，日常事务性工作占去了自己大部分时间，罗阳逐渐意识到，他需要静心思考，只有这样才能把业务打磨得更精细、更扎实。从那时起，他便养成了记笔记的习惯，随时思考、随时记录。随着笔记本数量的增加，罗阳的思考也愈发深入，于是，他将自己的所思所悟撰写成《恪尽职守 不负重托》《严慎细实 真抓实干》两篇文章，并发表在《今日沈飞》报上。他写道："在其职尽其责，在其位谋其政，要让工作在你这里一站搞定，责任到此为止，承担起你应尽的责任。""落地！一定要落地。光布置，不落地，不反馈，不检查，等于零！""沈飞的各级领导干部要努力做到：人前人后一个样、有无名利一个样、上级在与不在一个样，要表里如一，心胸坦荡。"

2012年，按照飞行大纲的安排，歼-15舰载机着舰起降试飞将于11月在辽宁舰甲板上进行。11月22日下午，伴随着发动机发出的巨大轰鸣声，罗阳在舰岛上近距离地观测歼-15的着舰起降状态，并不时在随身携带的笔记本上写着一串串数据和符号。11月23日，试飞科目完成后，罗阳参加了当晚航空系统的工作例会，并习惯性地在笔记本上记下会议通报的喜讯：机械系统，正常！电传系统，正常！液压系统，正常！

11月24日12时，历史性的时刻终于到来。歼-15舰载机圆满完成了最后一个"刀尖上的舞蹈"，欢呼声顿时响成一片。此时，罗阳却说："还没到庆祝的时候。"随后便默默转身向030207舱室走去，他心里想的更多的是如何做好后续工作。20时，他匆匆拿起笔记本，敲开了试飞部门负责人的舱门，询问并记录下飞行员的感受、体征数据变化等，作为后续改进工作的参考。然而，这竟是罗阳最后一次在笔记本上记录下自己的工作状态与点滴思考。

11月25日上午9时许，从凯旋的辽宁舰上回来后，罗阳连与大家拥抱的力气都没有，一到宾馆，他便说胸口疼，但睡一觉应该就好。同行人员见情形不对，急忙将他送医，然而，因病情危重，罗阳最终因抢救无效去世，享年51岁。

2012年12月，罗阳的妻子王希利在整理丈夫遗物时，发现了丈夫珍藏多年的笔记本，并将其中的一本交给沈飞航空博览园代为保管。如今，每一位游客来到博览园，都会情不自禁地拿出手机，拍下罗阳在笔记本中写下的那段自勉的话："要多为他人着想，要善于观察他人的长处，要善于听取他人的观点，要守信用，不把自己的观点强加于人，不以批评的口气和他人说话，不自以为了不起，看不起别人，不在背后说他人的短处……"这是一位航空人不断修身正己的真实写照，也映照出了一个共产党人的初心……

撰稿人 / 金波（航空工业沈飞党委宣传部）

讲述人 / 李晓彤（南京理工大学）

92 “精准扶贫不落一人”：十八洞村脱贫评估表

收藏于中国国家博物馆的湖南省花垣县十八洞村脱贫评估表和符合国家脱贫标准的脱贫户签署的贫困户退出确认书等实物资料，是十八洞村扶贫历程的见证者，也是新时期党和政府带领贫困地区人民脱贫致富奔小康的生动写照。

十八洞村是湘西土家族苗族自治州花垣县的一个苗

族村寨，也是武陵山连片特困地区的一个典型贫困村。这里受区域整体性贫困、区域内部发展不均衡以及恶劣自然条件的影响，长期处于深度贫困状态。2013年11月3日，习近平总书记来到这里，并首次提出“精准扶贫”这一重要概念，由此开启了中国扶贫开发事业的新篇章。

贫困地区的发展始终牵动着党中央。习近平总书记在十八洞村考察时指出：“发展是甩掉贫困帽子的总办法，贫困地区要从实际出发，因地制宜，把种什么、养什么、从哪里增收想明白，帮助乡亲们寻找脱贫致富的好路子。”此后，花垣县委决定将十八洞村作为全县探索精准扶贫可复制、可推广经验的试点村，探索民族贫困地区脱贫致富的有效路径。

2014年初，花垣县委向十八洞村派出了一支由6人组成的驻村工作队，遵照“实事求是、因地制宜、分类指导、精准扶贫”的原则和“不能搞特殊化，但不能没有变化”等要求开展精准扶贫工作。在没有先例可循的情况下，工作队以“九个不评”排除法和民主评议“七道程序”相结合的方式，率先完成了十八洞村贫困户识别工作，共识别出贫困户136户533人，占全村总人口的56.8%。

此后，工作队按照“因乡因族制宜、因村施策、因户施法，扶到点上、扶到根上”的指导思想，因地制宜，充分挖掘当地的发展潜力，带领村民发展猕猴桃、烤烟、野生蔬菜、冬桃、油茶等种植业，帮助村民脱贫致富。

在精准扶贫政策的引导下，在3届扶贫工作队的接力下，经过不懈努力，十八洞村实现了巨变。2017年2月，湖南省扶贫办宣布十八洞村脱贫摘帽。2019年，十八洞村人均纯收入达到14668元，村集体经济收入126.4万元，全村各项事业有了翻天覆地的变化，提前实现了全面建成小康社会的奋斗目标。

摆脱贫困落后，让中华民族实现从站起来、富起来到强起来的伟大飞跃，是一代代中国共产党人矢志不渝的奋斗目标。中华人民共和国成立以来，特别是党的十八大以来，以习近平同志为核心的党中央带领全国人民持续向贫困宣战，走出了一条中国特色的扶贫开发之路，中国成为世界上减贫人口最多的国家，也是世界上率先完成联合国千年发展目标的国家，为世界减贫事业贡献了中国智慧，在人类减贫史上展现了大国担当。十八洞村作为精准扶贫的典型成功案例，记录了中国新时代脱贫攻坚战的重大胜利，也向世界展现了摆脱贫困的中国方案！

撰稿人/杨志伟（中国国家博物馆）

讲述人/谷昱君（重庆大学）

93　109枚被封存的公章

党的十八大以来，以习近平同志为核心的党中央大力发展社会主义市场经济，大力加强国家治理体系和治理能力现代化建设，大力推进政府职能转变。2013年3月17日，刚刚就任国务院总理的李克强在两会记者会上郑重承诺：本届政府要将国务院各部门现有的1700多项行政审批事项，至少削减三分之一以上。这是削权，是自我革命，会很痛，甚至有割腕的感觉，但这是发展的需要，是人民的愿望。

2014年3月，国务院审改办公开了国务院各部门行政审批事项汇总清单，涵盖了60个有行政审批事项的国务院部门目前正在实施的1235项行政审批事项。除公开的事项外，各部门不得擅自新设行政审批事项。

2014年9月11日，时任国务院总理李克强同志来到天津考察调研，其中一站便是来到全国首个行政审批局——天津市滨海新区行政审批局。这个成立于4个月前的审批局，将分散在18个不同单位的216项审批职责归并到一个部门，换句话说，就是用一枚公章取代了109枚公章。当天，李克强同志来到这里，见证了这109枚公章被封存的全过程。

这109枚公章在材质和外形上没有什么特殊，其中大部分由木头或塑料制成，最大的拳头大小。有些印章已经使用多年，红墨的印迹已经浸入木头的纹理中。在行政审批局的办事大厅，李克强同志拿起一枚铜质的废弃公章，在手中掂量了一下说："这章做得多结实啊！不知束缚了多少人。"他感叹，为了盖这些章，老百姓不知道要跑多少腿，甚至可能还要做很多"别的工作"，花费很多"灰色费用"。而后，这些公章被放入一个长方形的透明玻璃箱中。时任滨海新区行政审批局局长的张铁军请李克强同志亲自给箱子打上封条，但他却说："不，由你来封存。你封了，就要负责，就要担责任。我代表中央政府来当这幕历史的见证人。"封条打好后，李克强同志指出，109个章变成1个章，是政府自我革命的大动作，这些公章一旦封存就决不能再打开，要让它们彻底成为历史，要让不必要的审批成为历史，再也不能给老百姓变相"设门槛"。

2014年11月15日，天津市滨海新区人民政府和中国国家博物馆在滨海新区举行交接仪式，这109枚被封存的审批公章作为政府简政放权的生动见证，正式成为中国国家博物馆的馆藏。

党的十八届三中全会以来，政府职能转变加快推进，从"简政放权"入手，进而推动"放管结合"和"优化服务”，形成了“放”“管”“服”三管齐下、互为支撑的改革局面，多年以来收到了超出预期的成效。各类行政审批大幅压缩，中央层面核准的企业投资项目压减90%，非行政许可审批退出历史舞台，市场准入负面清单管理制度全面实施。事中事后监管得到加强，改革和理顺市场监管体制，严格规范行政执法，“双随机、一公开”成为日常监管的基本方式。中国国家博物馆收藏的这109枚公章，也因此成为中国当代全面深化改革的重要见证。

撰稿人/李琮（中国国家博物馆）

讲述人/王玉赓（中国劳动关系学院）

94 诠释新丝路开放发展梦的“义新欧”铁路首发班列报关单

中国与中亚国家的关系正处于新的发展阶段，如何更好地为未来双边关系发展夯实基础、规划蓝图，中国在思考，中亚各国也在思考。古代丝绸之路，打开了中国与西方国家贸易往来的大门，而今天的新丝绸之路，则串联起中国与中亚、欧洲沿线国家的经济联系。

2013年9月，习近平主席在哈萨克斯坦访问期间，首次提出建设“丝绸之路经济带”的宏伟构想。经过精心筹备，“义新欧”（义务—中亚五国）铁路国际联运班列于2014年1月20日正式开通试运行。自此，义乌作为全球最大的小商品市场、新丝绸之路的起点，开始源源不断地将小商品运往中亚五国。

2014年9月26日，习近平主席在人民大会堂会见时任西班牙首相拉霍伊时指出：“‘义新欧’铁路计划从浙江义乌出发，抵达终点马德里，中方欢迎西方积极参与建设和运营，共同提升两国经贸合作水平。”11月18日，“义新欧”（义乌—马德里）班列正式开通运行。在首趟“旅行”中，装载有82个集装箱的货运列车，在海关监管场所装载上车后，途经中国、哈萨克斯坦、俄罗斯、白俄罗斯、波兰、德国、法国，一路向西，直奔13052公里之外的西班牙马德里市。

火车的轰鸣代替了驼铃阵阵，“义新欧”货运专列满载着“中国制造”，开启了一条横跨亚欧大陆的新丝绸之路。这份收藏于中国国家博物馆的首发班列海关出口货物报关单上，清晰标注着“T BJU 7193458”的集装箱编号，直观鲜明地展现了在“一带一路”倡议下，我国的对外开放水平不断向纵深发展，始终走在时代前列。

作为对外开放的重要窗口，义乌有来自100多个国家和地区的近1.3万名境外客商常驻，全国20多万家中小企业的产品从这里走向世界。目前，中欧班列已开通12条线路，在沿线设立了4个分支机构、5个物流分拨中心，连通了亚欧大陆37个国家和地区。这些班列将中国的商品带往世界，同时也将散落在“一带一路”沿线的国家和地区用一条条铁轨连接在一起。

目前，中欧班列集聚了浙江、上海、广东、安徽等8省市的货源，涵盖日用小商品、服装、箱包、五金工具等近2000种“中国制造”商品。与此同时，义乌中国进口商品城的生意发展也随着中欧班列提了速，很多商品卖得甚至比生产国的超市更便宜，成为国内规模领先的“一站式”进口商品采购基地。

在全球化的今天，中国所倡导建设的“丝绸之路经济带”，正以点带面、从线到片，践行着一个发展的中国实现世界共同繁荣的美好愿景。

撰稿人／许钰函（中国国家博物馆）

讲述人／陈昕瑶（国际关系学院）

95　闪亮的维和勋章

在联合国维和事业的勋章中，有一种勋章特别闪亮，也异常珍贵，因为它是维和人员用生命换来的。这种勋章名为达格·哈马舍尔德勋章，用来授予在联合国维和事业中牺牲的人员。如今，这其中的两枚就被珍藏在中国人民革命军事博物馆中。

2017年5月24日，联合国总部举行隆重纪念仪式，由联合国秘书长古特雷斯亲自向殉职维和人员追授达格·哈马舍尔德勋章。在这些人员中，就包括来自中国第二批赴南苏丹（朱巴）维和步兵营的李磊、杨树朋两位烈士。

2015年，以杨根思部队为主抽组的中国第二批赴南苏丹（朱巴）维和步兵营开始行前集训，1983年出生的四级军士长杨树朋和1994年出生的下士李磊积极报名参加。

2016年7月8日，南苏丹政府军和反政府军在总统府附近爆发武装冲突，战火迅速向全国蔓延。在中国第二批维和步兵营守护的联合国驻南苏丹特派团营地和1号平民保护区北侧一线，南苏丹两方武装力量发生激烈交火。为保护联合国营地和1号平民保护区安全，中国维和步兵营700名官兵坚守一线，冒着枪林弹雨执行封控和警戒任务，筑成了一道“生命防护线”。7月10日早上6时许，政府军与反政府军在1号平民保护区北侧再次发生激烈交火，很多流弹从岗哨上方飞过，并不时有炮弹在附近爆炸。在此情况下，李磊主动要求到最危险的一线执行警戒封控任务，而本应该轮换休息的杨树朋也找到连长：“连长，白天交火最激烈，情况最复杂，我是老炮手，经验比他们多，这次任务还是让我来上，遇到突发状况我应付得来！”连长考虑到他已长时间连续作战，坚持让他换下去休整，但他说：“没事，我在一线待着，有情况可以及时处理，交火的间隙我也可以轮换着眯一会儿！”在他的执意申请下，连长最终同意了他的请求。从早上7时许进入战位，李磊和杨树朋等105号步战车战斗小组成员便在平民保护区北侧一线不间断地观察报告双方交火情况，并成功驱离了企图进入平民保护区的数十名武装分子。在交火最激烈的下午18时30分左右，一枚流弹击中105号步战车载员室，正在观察警戒布防情况的李磊被炸伤，而炮塔处的杨树朋则被火箭弹击中，倒在炮塔内，双手还紧紧抓在方向机上……紧急送医后，因伤势过重，李磊和杨树朋先后壮烈牺牲。

作为维和部队中的一员，李磊和杨树朋用生命履行使命，以英勇无畏践行了保护生命、捍卫和平的铮铮誓言。联合国秘书长特别代表兼联合国驻南苏丹特派团团长洛伊女士曾称赞中国第二批维和步兵营："在最困难、最危急的情况下，中国营全力以赴履行职责，协助我和部队总司令，与其他维和官兵一同完成保护平民和联合国工作人员的任务，这是中国为世界和平作出的贡献。"

据统计，自1990年参加联合国维和行动以来，中国军队认真践行《联合国宪章》宗旨和原则，先后参加25项联合国维和行动，累计派出维和官兵4万余人次，截至2020年9月，共有16名中国维和军人在联合国行动中牺牲。中国维和军人忠实履行维和使命，为维护世界和平、促进共同发展作出了积极贡献，彰显了和平之师、正义之师、文明之师的崇高形象。

撰稿人/鲁成军（陆军防化学院）

讲述人/梁思成（中华女子学院）

96 “党员示范岗”安全帽：党旗在桥头飘扬

伶仃洋上“作画”，大海深处“穿针”。港珠澳大桥以气贯长虹的“中国跨度”，展现出当代中国的雄健风采。

2019年4月8日，港珠澳大桥管理局将大桥建设工程105件（套）代表性实物资料移交珠海博物馆。其中，一顶来自港珠澳大桥岛隧工程项目部的“党员示范岗”安全帽显得格外亮眼，因为它见证了大桥建设者们在党的引领下战天斗海、屡创奇迹的伟大壮举。

港珠澳大桥岛隧工程是我国建设的第一条外海沉管隧道，堪称“世界之最”。

那么，是什么促成了这项“几乎不可能”的任务胜利完成呢？答案是：党建引领，党员带头攻坚克难。

看似寻常最奇崛，成如容易却艰辛。2014年11月、2015年2月，因基槽回淤，E15沉管安装两次受阻。经过3次浮运、2次返航，有人开始质疑中国建设者是否能够继续推进任务。与此同时，沉管长时间停止安放，意味着沉管制造工厂和安装队伍的几千名工作人员都要停工。危急关头，各党支部迅速行动，搞培训、树典型、评先进，帮助大家重燃斗志、重拾信心，实现了“三战伶仃洋，沉管无损返航，人员无一流失”的奇迹。

2017年8月，超强台风“天鸽”叠加天文大潮来袭，2000多名作业人员驻岛抗台。由于灾情紧急，直至转移地下建筑避险时，很多人还顾不上吃一口饭。闷热的空气、饥饿的感觉、未知的等待，无时无刻不在考验大家的意志。为了保障大家的安全，各党员岗位负责人始终站在最前面，带领大家咬牙坚持，实现了就地防台“零损伤”，创下了“超级工程”建设中的又一个奇迹。

这一次次奇迹的背后，是排山倒海般力量的汇聚。这力量的背后，是一个个基层党组织战斗堡垒作用的发挥。

2017年5月2日，暮色中的伶仃洋上灯火通明，世界最大的1.2万吨起重船完成了港珠澳大桥6000吨最终接头的吊装。但不为人知的是接下来的一次深海危机。

“南北方向偏差15厘米左右。”这是之前从未出现过的偏差数据。为了120年大桥质量的承诺，港珠澳大桥岛隧工程青年党员突击队临危受命，进入接头内配合完成水下精确调整。

5月4日凌晨，E30南侧封门出现漏水，水柱从底部喷出约5米高。此刻，队员正处于水下近30米的位置，与外界大海仅隔一层薄薄的密封板。

说实话，此种情况下，害怕与紧张在所难免。但是共产党员就是明知道危险也愿义无反顾地顶上去，就像主动选择独自留下监测的党员宁进进所说：“这有点像党员的‘特权’。”

经过多次生死较量，接头终于准确无误地完成了最后一“吻”，对接精度一端为0.8毫米，另一端为2.6毫米。这是超乎所有人想象的最高对接精度！

伟大的时代造就伟大的工程，伟大的工程展现非凡的英雄。港珠澳大桥上，每一顶安全帽下，都是一位默默付出的英雄的背影，他们以匠心谱写初心，以忘我诠释使命。

“这是一座圆梦桥、同心桥、自信桥、复兴桥。”习近平总书记的话语，让我们深感共鸣。这不仅是一座实物桥，更是一座精神桥，承载着党和国家的光荣与梦想！

中华民族千秋伟业，百年恰是风华正茂。博物馆里的“党员示范岗”安全帽，将在新的历史起点上，伴随党的脚步不断焕发新的光彩，继续诉说“一个党员就是一面旗帜”的动人故事！

撰稿人/卢晶（珠海博物馆）

讲述人/周雅文（华南理工大学）

97 博雅之壁：见证澳门“一国两制”成功实践

在澳门大学珠海横琴新校园内，矗立着一座古朴大气、造型别致、稳重优美、寓意深远的雕塑——“博雅之壁”。雕塑底部是金色的峻峰和白色的祥云，托着圆润的白色玉璧，玉璧当中镶嵌着代表澳门特区的金色立体莲花，并由澳门大学校训“仁义礼知信”五字环绕。“博雅之壁”与澳大中西结合的园林式国际化校园融为一体、相映成趣，见证了澳门的发展，见证了“一国两制”的成功实践。

澳门自1999年回归祖国以来，高等教育发展迅速、成效显著，彰显了“一国两制”的制度优势和强大的生命力。为了全面支持澳门特区加快人才培养，同时解决澳门大学长期以来“有校无园”的问题，2009年，中央政府第十一届全国人大常委会表决通过《关于授权澳门特别行政区对设在横琴岛的澳门大学新校区实施管辖的决定》。2009年12月20日，时任国家主席胡锦涛亲临新校区主持奠基仪式。

澳大横琴新校区于2013年正式启用，2014年顺利完成搬迁并投入运作，成为澳门“一国两制”成功实践的典范。2014年，国家主席习近平亲临澳门大学新校区视察，在参加学校举办的“中华传统文化与当代青年”主题沙龙时，他勉励青年要赋予中华传统文化以新的时代内涵，使之成为精神追求和行为准则，并希望澳门青年继承爱国爱澳传统，增强推进“一国两制”事业的历史责任感。

新校区启用5年后的2018年4月，国家教育部将“博雅之壁”赠送给澳门大学，充分体现了中央政府对澳门教育事业发展的支持和关爱。

2018年6月，国家主席习近平在给澳门高校的回信中肯定了澳门高校科技创新取得新的进步，希望澳门高校百尺竿头、更进一步，培养更多爱国爱澳人才，创造更多科技成果，助力澳门经济适度多元可持续发展，助力粤港澳湾区建设。因此，“博雅之壁”也承载着党和国家对澳大未来更好服务国家和澳门特区繁荣稳定发展的期许和重托。

“博雅之壁”不仅展现了澳门大学“仁义礼知信”的校训精神和“大博”“大雅”的全人教育理念，更是蕴含着澳大肩负弘扬中华优秀传统文化重要历史责任的深意。在澳门特区政府和社会各界积极推动下，澳门社会已逐渐形成了学习和弘扬中华优秀文化的良好氛围。近年来，澳门大学成立了中国历史文化中心、宪法与基本法研究中心、孔子学院等富有实力和特色的教研单位，加强中国文化、家国情怀和责任担当意识等方面的教育，致力于培养更多爱国爱澳人才和“一国两制”事业的建设者。

2021年是国家“十四五”规划开局之年，适逢澳门大学建校40周年，在澳门融入国家发展大局带来新的历史机遇之下，“博雅之壁”将勉励澳大在服务国家和澳门繁荣发展的新征途上，承前启后、继往开来，“不惑新航，扬帆追梦”！

撰稿人／柳智毅（澳门大学）

讲述人／欧阳铭聪（澳门大学）

98　八段锦防护服背后的爱与坚持

湖北和武汉曾是全国抗击新冠疫情的主战场和决战决胜之地。

2020年除夕，在万家团圆之夜，全国各地医疗队星夜集结，奔赴武汉。截至3月8日，共有346支国家医疗队、4.26万名医务人员和965名公共卫生人员逆行出征。为了再现这段规模空前的生命大救援，展现白衣战士奋战一线、义无反顾、勇敢逆行的真实故事，2020年10月15日，由中央宣传部指导，中共湖北省委、湖北省人民政府主办的“人民至上　生命至上——抗击新冠疫情专题展览”在武汉开展。展览的第四部分设置了“白衣战士逆行出征”大型场景展，密集展示援鄂医护人员使用过的签名防护服、援鄂医疗队队旗以及援鄂医护人员的自制装备。

其中，一件画着8幅人物漫画的防护服格外引人注目。漫画中的8个小人形态各异，憨态可掬地打着传统健身功法——八段锦的各个招式。这幅漫画的作者，便是广东省中医院援鄂医疗队队员宋梦西。

宋梦西是广东省中医院呼吸科的一名护士。早在

2020年春节前，听到新冠疫情在武汉爆发的消息，意识到呼吸科将是疫情防控“主战场”，她第一时间退掉了回家的车票，选择坚守岗位。当国家发出支援湖北的号召后，作为一名湖北人，她积极响应，第一时间报名请战。然而，由于种种原因，她没能入选前两批援鄂医疗队。功夫不负有心人，在医院第三批援鄂医疗队队员名单上，终于有了宋梦西的名字。临行前，她剪去长发，直言“迫不及待想去和伙伴们会合，为家乡做点事”。

来到武汉后，宋梦西被安排到雷神山医院从事医护工作，并学会了打八段锦。治疗之余，她常常鼓励病人们动起来，通过运动强身健体、战胜病魔。她在抗疫日记里，曾写下这样一段话：“不知不觉间，来武汉雷神山医院支援已经十多天了。每天忙碌充实，夹带着少许疲惫。但对于每个人来说，这都是生命里一份深深的印记……这些天所经历的每一个画面无不诉说着爱所带给我们的力量……”

3月，武汉疫情得到有效控制。3月29日，雷神山医院举行了盛大的欢送仪式，为1090名援鄂医护战士饯行。即将离开雷神山医院的宋梦西，主动提出在防护服上作画，用画笔完成一项心愿——把八段锦和中医的理念留给武汉这座英雄的城市，让更多人学习和传承。

“人民至上 生命至上——抗击新冠疫情专题展览”开展后，很多前来参观的观众都忍不住拿出手机拍摄一张防护服场景展的全景照片。这些防护服上的签名、手绘、寄语是援鄂医疗队员与武汉本地医务人员共同奋战、赢得胜利的生动写照，也成为武汉人民、湖北人民乃至全国人民寻找共同情感记忆的宝库。

如今，在以习近平同志为核心的党中央坚强领导下，在医护人员不惧风雨、勇挑重担的辛勤努力下，在社会各界尽己所能、众志成城的全力配合下，我国取得了抗击新冠疫情斗争重大战略成果，创造了人类疾病斗争史上又一个英勇壮举。武汉人民不会忘记那些逆行出征的白衣天使，而那伟大的抗疫精神也将永刻中国人民心间！

撰稿人 / 万玲（武汉革命博物馆）

讲述人 / 陈雨彤（中南财经政法大学）

99　屠呦呦的回信：母校的师德风范影响了我的一生

在宁波教育博物馆，珍藏着这样一封信件，那是2020年末，屠呦呦写给母校宁波效实中学暨校友会的一封回信："别离母校数十载，我的感恩之情依旧如初。宁波的人文积淀如山茶花般缤纷，母校'爱国、进步、科学、务实'的校风和'忠信笃敬'的校训则如银杏树般伟岸……母校的师德风范则影响了我的一生。"字里行间，满溢着屠呦呦对母校的感激与眷恋、钦佩与期许。

屠呦呦，中国中医科学院终身研究员。因带领团队发现青蒿素，为世界带来了一种新的抗疟药，解除了无数人的病痛，挽救了无数人的生命，2015年，她获得诺贝尔生理学或医学奖。

2020年，屠呦呦迈入人生的第90个年头，母校宁波市效实中学给她去了一封贺信，表达母校对她荣获世界科学界最高殊荣的充分肯定与赞许。

1948年春，18岁的屠呦呦入读宁波效实中学。有趣的是，她的父亲、丈夫、哥哥、舅舅等人均毕业于此校。

当年，因病休学两年才入校就读的屠呦呦成绩并不算拔尖。据她回忆，“那时的我很文静、很低调”。同学陈效中也说：“她衣服穿得很朴素，不是特别引人注目，属于默默无闻的类型。”在屠呦呦的高中学籍册和成绩单中，各科成绩被清晰列出，其中，她的生物成绩最为出色。在生物学科上的优异表现，源于她对生物学的浓厚兴趣和老师们的循循善诱。据老师们回忆，每次生物老师在课堂上讲课，屠呦呦总是听得津津有味。有一次，老师说：“如果其他同学都能像屠呦呦一样勤学好问，认真听课，我即使再辛苦也开心！”

在效实中学“教育之事，贵有适性，与人适意志，与地适风尚，与时适机遇”的教育理念的影响下，屠呦呦在心中埋下了立志解读生物生命密码的种子，这为她后来在我国中医药领域创造辉煌奠定了基础、夯实了根基。

屠呦呦对母校的深情，还体现在这样一件往事中。1951年1月，屠呦呦的班主任应克孝老师因病住院，在病榻上，他因放心不下学生，便给同学们去了一封名为《锻炼出健壮不倒的体格，锻炼切实不苟且的本领》的信。当时，屠呦呦已转学至宁波中学，但应老师没有忘记她，还特意让同学将这封信也转交给她一读。2007年秋，正值效实中学建校95周年，百忙之中的屠呦呦将这封一直带在身边、珍藏了近半个世纪的信件交还给51届的同学们。当年，应老师在信中有云：“良马千里走，壮士日夜心。到新熔炉里去锻炼好，再相见时，我们要见到坚强的战士姿态。”如今，这位收信人，不负老师期许，在祖国中医药领域呕心沥血、甘于奉献，以一名坚强而质朴的“战士”姿态，站上了诺贝尔奖的最高领奖台，并荣获“共和国勋章”。

现在，母校效实中学为纪念屠呦呦的重大贡献与巨大成就，在学校内树起屠呦呦铜像和青蒿素分子结构模型，并建起屠呦呦宣传廊，让学生们学习榜样、立志成才，让屠呦呦那淡泊名利、潜心钻研、百折不挠、锲而不舍的精神赓续传递、发扬光大。

撰稿人 / 王碧薇（《党建》杂志社）

讲述人 / 白宇（上海外国语大学）

100　月球样品001号：见证中华飞天梦

2020年12月17日，嫦娥五号返回舱携带着1731克月球样品安全着陆，首次实现了我国地外天体采样返回，是航天强国建设征程中的重要里程碑。

2021年2月27日，重量为100克的月球样品001号正式入藏中国国家博物馆，与探月工程相关科技实物40余件一起，在“月球样品001号·见证中华飞天梦展览”展出，共同见证中国如何一步步实现探月梦想。

月壤盛放于人造水晶材质的容器里，整体造型设计借鉴中国国家博物馆馆藏系列青铜“尊”造型。容器整体外部造型高38.44厘米，象征地球与月球间的平均距离384400千米，整体外部造型宽22.89厘米，象征嫦娥五号自发射到返回的任务时长22.89天，从时、空两个维度展现中国探月的领先地位。

容器内部造型由地球、中国地图、月球、月壤等组成，月壤储存在中心部位的空心夹层球体造型之中，通过填满在其中的月壤，呈现形似月球的造型特征。下部地球造型磨砂透光，其上中国地图造型透光突出，象征华夏大地对月亮的长久情意。容器内的地月相隔距离9.9厘米，取意古人所描绘的“天有九霄”，寓意中国探月突破极限、跨越“九重”。

中国探月跨越“九重”实属不易。1978年，美国赠给了我国1克月壤。那时的中国还没有登月能力，这只有黄豆一般大小的样品对我们而言极为珍贵。学者们把它分为两半，0.5克用来研究，另外0.5克留在北京天文馆展出。就这样，中国开启了向太阳系星辰大海的挺进。2004年2月25日，绕月探测工程领导小组第一次会议通过《绕月探测工程研制总要求》，正式开启了我国的探月工程，并取了个浪漫的名字——“嫦娥工程”。工程总体规划分三步走：绕，嫦娥一号绕月飞行；落，月球车在月面上软着陆展开巡视探测；回，实现月球无人采样返回探测。回首过往，中国探月的每一步都稳扎稳打、顺利完成，让嫦娥奔月神话一步步成为现实。17年来，中国探月工程共完成了6次发射任务，孕育了“追逐梦想，勇于探索，协同攻坚，合作共赢”的探月精神。

与前几次探月任务相比，嫦娥五号任务最重要的目标就是“采样返回”。此次任务是人类时隔44年再次获得月球样本，也是我国探月工程“绕、落、回”三步走战略的收官之战。这是在习近平新时代中国特色社会主义思想指引下，发挥新型举国体制优势攻坚克难取得的又一重大成就，标志着中国航天向前迈出一大步，将为深化人类对月球成因和太阳系演化历史的科学认知作出贡献。

根据国家航天局制定的《月球样品管理办法》，月球样品分为永久存储、备份永久存储、研究和公益四种基础用途。在国际合作方面，国家航天局鼓励开展基于月球样品的空间科学国际联合研究工作，促进成果的国际共享。

除入藏中国国家博物馆的月球样品001号以外，月壤主要存储于位于北京的中科院国家天文台，并将毛泽东同志的故乡湖南韶山作为异地灾备点，以告慰他生前“可上九天揽月”的夙愿。

撰稿人/邵凡晶（中国国家博物馆）

讲述人/于秋漫（北京航空航天大学）